AF495150

Essai

concernant

les

Armateurs

les Prises

et sur tout

les Reprises.

D'après les loix, les traités, et les usages des Puissances
maritimes de l'Europe.

Par

Mr. de Martens

Conseiller de Cour de Sa Majesté Britannique l'Electeur de
Bronswic Lunebourg, Professeur ordinaire en droit de la nature
et des gens, et assesseur de la Faculté des droits en
l'Université de Gottingue.

À Gottingue,

chés Jean Chretien Dieterich,

1795.

Avis préliminaire.

Parmi les maux dont la guerre accable les particuliers, ceux qui dans les guerres maritimes resultent des Prises faites sur mer, ne sont par les moindres. Ce fléau est d'autant plus sensible que, loin d'affecter les seuls sujets de l'ennemi, il est souvent plus redoutable encore aux sujets de toutes ces Puissances neutres, qui ne veulent point sacrifier leur commerce aux interêts des Puissances belligérantes. La guerre actuelle offre une multitude d'exemples de prises et de reprises faites, surtout entre la Grande Brétagne et les François, dont la balance a du naturellement pencher en faveur des derniers, depuis que la destruction du commerce François offroit moins de vaisseaux aux Anglois, que le commerce florissant de ceux ci n'en presente à leurs ennemis. Parmis ces prises et reprises il y en a une qui a fixée les yeux de l'Europe. C'est le riche vaisseau Espagnol à regitre, le St. Jago

A 2

pris

pris le 5 Avril 1793 par un armateur François le *Dumouriez* et repris neuf jours après par un vaisseau du Roi de la Grande Brétagne, *l'Edgar.* Le procés qui s'éleva en Angleterre au sujet de la restitution de cette reprise me suggéra la premiére idée de faire des recherches sur les loix et les traités des Puissances maritimes concernant les *recousses*, et la sentence prononcée dans cet illustre procés ne m'a pas convaincu que ces recherches étoient inutiles. Quelques auteurs qui ont traité des prises ont parlé aussi avec étendue des reprises, mais seulement d'aprés les loix et les traités de telle Puissance individuelle, comme le Chevalier D'ABREU dans son *traité des prises* d'aprés les loix de l'Espagne, VALIN dans son *traité des prises*, d'aprés les loix de la France. Il existent quelques dissertations sur cette matiére, comme de M. GRASSI diss. *de eo quod iustum est circa recuperationem bellicam*, Tubingae 1689. 4to. J. NELANDRI dissert. *de iure recuperationis Lond. Gothorum* 1742. 4. Mais la premiére est d'une date trop ancienne pour pouvoir suffire aujourdhui. J'aurois beaucoup désiré pouvoir me procurer la seconde, dont il est à croire qu'elle entre dans des détails par rapport à la Suéde. *Les essais sur divers sujets relatifs à la navigation et*

au

au commerce pendant la guerre par Mr. DE STECK à Berlin 1794 renferment un chapitre sur les reprises dont le nom seul de l'auteur suffit pour faire l'éloge, mais le but de cet écrit n'a pas permis d'entrer dans tous les details de cet objet particulier.

Occupé des reprises je vis bien tôt qu'il n'y avoit guére moyen d'approfondir la matiére sans avoir recours à celle des prises; et tandisque la plupart des prises et des reprises se font par les armateurs, que les droits de ceux ci different en plusieurs points de ceux qui sont introduits pour les vaisseaux de guerre du souverain, je me vis insensiblement entrainé dans la recherche de l'origine de nos armateurs, et des loix et traités qui subsistent à leur égard; je vis que j'avois eu des notions imparfaites à ce sujet, je crûs que d'autres pourroient être dans le même cas, et qu'un traité sur cette matiere pourroit être accueilli du public à une époque où nous sommes accoutumés à nous occuper des calamités humaines; trop heureux, s'il nous est permis de pleurer les maux d'autrui, sans les éprouver nous même.

En offrant ce petit ouvrage au public, j'ai en même tems en vue de donner l'échan-

 tillon

tillon de trois differentes méthodes dont je crois la science du droit des gens de l'Europe susceptible d'être traitée. On peut 1) s'attacher à faire voir comment d'époque à époque le droit des gens s'est successivement formé tel qu'il est aujourdhui; c'est la méthode sans doute la plus interessante pour la plupart des lecteurs, mais aussi la plus difficile et dans la quelle j'ai peut être le moins reussi, en parlant dans le I. chapitre: *de l'origine de nos armateurs modernes.* On peut 2) de ce qu'on voit adopté et suivi en Europe, abstraire des principes generaux et les appuier d'exemples de loix et de traités de plusieurs Peuples. C'est la maniere dont j'ai parlé dans le second chapitre *des droits actuellement subsistans au sujet des armateurs.* Elle est la plus propre pour la premiére instruction de ceux qui se destinent pour les affaires publiques; il faut crayonner l'esquise avant de peindre les details d'un tableau. Elle peut aussi suffire à ceux qui, sans se vouer à la carrière politique, desirent d'avoir des notions generales sur la maniere dont se traitent les affaires de l'Europe. Cette méthode laisse cependant subsister necessairement des imperfections, en ce que souvent il reste des doutes, si ce qui est dit de quelques Puissances, est

égale-

également appliquable à d'autres dont il n'est
pas parlé.   On ne peut y rémedier qu'on partie, par la multitude des exemples qu'on cite.
Enfin 5) on peut s'occuper de chaque puissance
de l'Europe séparément, en fixant les yeux
d'abord sur ses loix, puis sur les traités ou
usages particuliers subsistans entre elle et chacune des autres Puissances auxquelles on peut
appliquer le point dont il s'agit.   J'en ai fait
l'essai dans le III. chapitre: *des reprises.* C'est
la methode la plus penible, la plus sterile au
premier abord, mais aussi la plus assurée et,
j'ose dire la plus utile pour ceux, qui ont déja
les notions generales qui doivent précéder, et
qui font leur occupation principale de l'étude
du droit Public.

Ceux qui se destinent aux affaires étrangères, ne peuvent se preparer trop soigneusement à une carrière, où il s'agit des interéts
les plus importans des nations.

La représentation ne fait pas le ministre.
Celui qui n'a d'autres connoissances que celles
des minuties du ceremonial qu'un grand
Roi a si bien ridiculisé *a*), d'autre merite que
celui de veiller au maintien de prérogatives
qu'en partie enfanta la vanité des ministres et

A 4   qu'une

---

a) Oeuvres posthumes du Roi de Prusse T. I. p. 53.

qu'une politique insidieuse a laissé dans l'indecision, d'autre application que celle d'extraire de quatre ou cinq gazettes ce qu'il faut pour remplir une depêche quand le jour de poste le tire malgré lui de son inactivité, d'autre entretien que celui que lui offrent les amusemens publics, ou ces cercles que l'homme sensé fréquente plutôt par devoir que par gout, d'autre ambition enfin, que celle de paroitre avec l'éclat d'une depense souvent mal calculée qui n'en impose qu'à la populace, celui là n'est point né pour devenir l'interprête des nations; et si le caprice de la fortune, ou la faveur de la Cour l'éleve à un poste éminent, ce n'est qu'à l'aide d'un souffleur qu'il peut jouer médiocrement son rôle; et la posterité, qui ne tient compte ni des Ordres ni des équipages, en jugeant l'homme d'après ses merites réels, le fait paroitre dans toute sa nullité.

Mais celui qui, animé d'un plus noble zéle, en se vouant à la carrière politique désire de rendre des services réels à la cour à laquelle il consacre ses travaux, qui se propose le but le plus élévé pour dumoins en approcher un jour, s'il ne peut l'atteindre, qui respecte la partie qu'il embrasse, non pas pour tout l'appareil qui l'environne, mais à cause de

sa

sa puissante influence sur le bien-être de ces nombreuses sociétés qui se sont formées en états, celui-la doit sans doute sentir le besoin urgent de se procurer de vastes connoissances pour remplir avec honneur les emplois qu'il pourroit briguer; soit qu'embrassant la penible carriere du cabinet il consacre ses veillées au bien de la patrie, soit qu'en préférant le chemin plus fleuri des missions étrangères, il se prépare à cimenter un jour quelque union salutaire à l'état qui le chargera de ses interêts.

Il ne lui suffit pas d'étudier l'histoire generale des traités et particulièrement de ceux des derniers siecles, bien que ce soit là un des premiers points aux quels il doit vouer toute son attention.

Il ne suffit pas qu'il se soit procuré de justes notions du droit des gens naturel, et des connoissances générales sur les principes le plus universellement adoptés en Europe. Il doit entrer dans un détail beaucoup plus circonstancié sur tout ce qui concerne les droits et les interêts publics de chaque état en particulier. Il doit étudier à fond la constitution, non seulement de l'état au service du quel il se destine, mais encore celle des peuples avec les quels son maitre a des rap-

ports quelconques; il doit en connoitre les
ressorts, les forces les vices et les vertus.
Mais encore ne doit-il pas se borner à la seule
connoissance du gouvernement interne de
chaque état; il lui importe également d'approfondir les rapports particuliers établis entre
tel état individuel et le reste des nations de
l'Europe, et nommément ceux qui subsistent
entre sa cour et chacune de ces puissances
étrangères avec lesquelles elle a des interéts à
ménager. Sans les connaitre, sans les avoir
étudié soigneusement, il ne peut marcher
qu'en tâtonnant.

Pénétré de cette conviction je désirerois
être utile à ceux qui se destinent aux affaires
étrangères; non pas dans l'espoir orgueilleux
de former des ministres, mais pour donner
à ceux qui aspirent à entrer dans la carrière
politique de justes notions sur ce qu'on a droit
de leur demander, pour leur fournir les qua-
dres qu'ils ont à remplir, et pour leur faciliter
les moyens de travailler eux mêmes avec fruit.

C'est dans ce dessein, qu'après avoir
ébauché les principes généraux de notre droit
des gens moderne, et commencé à traiter de
la constitution interne des états de l'Europe, je
désirerois contribuer à remplir un vuide des
plus

plus sensibles qui reste encore. Je me mets
à la place d'un homme qui dès qu'il est attaché
au service de quelque cour, ne peut avoir rien
de plus pressé à faire, que d'étudier les rapports particuliers de son maitre vis à vis des
puissances étrangères. L'histoire, le droit des
gens general, le droit public interne lui fournissent des matériaux pour cette étude, mais
pour les rassembler il lui faut plus de recherches qu'il n'a peut être le loisir de faire, si
cet ouvrage n'est déja préparé. Il y a moyen
de lui faciliter cette besogne, et c'est là le plan
dont je m'occupe, et duquel je me permets
de dire quelques mots, avant même de m'être
approché de son execution.

L'Europe est composée d'une multitude
d'états, mais d'une importance fort inégale.
Vouloir étudier le détail des rapports, même
du plus petit état de l'Europe envers chacun des autres, ce seroit entreprendre un
ouvrage au dessus des forces d'un individu,
et d'ailleurs peu utile en grande partie. Si
chaque état, quelque petit qu'il soit, est inte-
ressé à connoitre ses propres rapports avec les
Puissances étrangères, cet interét est infiniment moindre aux yeux d'un tiers, et ce tiers
c'est la majeure partie du public. Il suffit de

connoitre

connoitre les rapports des grands états de
l'Europe entre eux, et envers ceux des moyens
ou petits états, avec les quels ils se trouvent
dans une liaison particulière, soit à cause du
commerce, soit à cause de quelque autre objet; on peut negliger les autres. Cette observation diminue déja de beaucoup le nombre
effrayant des rapports sur lesquels on auroit
des recherches à faire.

On peut choisir deux voies differentes
pour ces recherches. On peut en partant d'un
état déterminé suivre un ordre systematique
des matières, en observant à l'égard de chaque point ce qui a été arrêté ou ce qui se pratique entre lui et les divers états de l'Europe. C'est la méthode qu'a suivie en partie
J. J. Moser *b*) dans son droit public externe
d'Allemagne; c'est aussi la méthode qu'a suivie
Mr. Kluit *c*) dans son excellente histoire
des traités des Provinces unies des pays bas.
Cette manière a de grands avantages, surtout
par rapport à de certaines matières, vû qu'elle
rapproche la comparaison de ce qui se pratique

---

b) J. J. Moser *Teutsches auswärtiges Staatsrecht.*
Francfurt 1772. 4to.

c) A. Kluit *historiae federum Belgii federati pri-
mae lineae.* Lugd. B. 1791. T. I. II. 8.

que avec les differentes puissances de l'Europe;
cependant quant au but que j'ai indiqué je lui
préfererois la *seconde*, celle de traiter séparement le rapport individuel de telle Puissance
envers chacune des autres, sous les differens
points de vue qui rendent cette recherche interessante. Cette méthode est plus penible,
et peut être moins faite pour entretenir
agreablement le lecteur, mais elle presente
plus nettement le tableau des rapports mu-
tuels, que doit avoir devant les yeux celui
qui est chargé des affaires de sa cour avec
telle autre. Mais en l'adoptant, on doit surtout avoir soin d'éviter des repetitions ennuyeuses et inutiles, dans les quelles il seroit
aisé de tomber.

Il est dans la conduite de chaque Puissance envers les étrangers des points qui tiennent à sa constitution, à ses loix, et qui se
pratiquent uniformement envers toutes les
nations étrangéres, à peu d'exceptions prés
qui dependent de traités particuliers. C'est
par ces points qu'on doit commencer, aprés
avoir fait le choix de la Puissance dont on
veut étudier les rapports; alors on peut se
dispenser de les repéter en parlant de ses rapports avec chaque état en particulier.

Passant

Passant ensuite à ces rapports avec tel autre état, il semble que les suivants points principaux doivent faire l'objet des recherches:

1) Les possessions réciproques, en tant qu'il y a eu sur ce point des contestations aujourdhui réglées, ou en tant qu'il reste encore des *prétensions* de l'état ou de la famille du Souverain, qu'on ne peut pas taxer de chimériques. Il a déja été travaillé sur cette matière; et les ouvrages, de Frankenberg *d*), Schweder *e*), Rousset *f*), peuvent être consultés avec fruit, en les lisant avec discernement.

2) Le ceremonial établi entre les deux cours, tant le ceremonial personnel des deux Souverains, que celui de Chancellerie, et le ceremonial d'ambassade. En parlant de ce dernier, on pourra inserer ce qui concerne les prérogatives reelles des ministres, s'il y a dans la pratique de ces deux cours quelque point qui fasse exception de la règle.

3)

d) Frankenberg *der Europaeische Herold.* Fracfurt und Leipz. 1688 fol.

e) C. H. Schweder *theatrum historicum praetensionum et controversiarum illustr.* Leipz. 1727. T. I. II. fol.

f) *Les interêts presens des Puissances de l'Europe* par Mr. J. Rousset à la Haye 1733. T. I-III. 4to.

3) Le commerce et la navigation en tems de paix. Ce point important exige le plus de details, vû que presque tous les avantages que les états accordent à leurs sujets réciproques par rapport aux impôts, aux loix, aux tribunaux de justice, à l'entrée, an séjour et à la sortie de l'état, ont pour source commune le commerce. On doit faire précéder quelques notions sur la nature de celui que font les deux Puissances.

4) De ce chapitre le passage est naturel à celui de la guerre pour examiner a) ce qui a été réglé pour le cas de neutralité de l'une des deux puissances à l'égard du commerce neutre. b) Quels sont les cas où une puissance seroit obligée en vertu des alliances subsistantes de prendre part aux guerres de l'autre, et les droits qui en resultent. c) Les cas d'une rupture entre les deux Puissances et ses suites.

On voit bien qu'à l'égard de tous ces points il est question du *droit*, dont on peut se procurer de justes notions par la lecture de livres d'histoire et de traités; qu'il n'est pas question de donner des *conseils* aux peuples, ou d'enseigner ce qu'on appelle communement la *politique*, ou les *interéts* de l'état;

science,

science, qui, si malgré les vicissitudes conti-
nuelles qui l'accompagnent, elle est susceptible d'être reduite en systeme, suppose d'autres connoissances que celles que procure la
lecture d'écrits communiqués au public. Cependant on peut consulter avec fruit quelques ouvrages de politique tel que ceux de
Favier *g*) et de Peysonnel *h*) pour la
France, où l'on trouve d'excellens materiaux
pour le *droit public.*

L'étude de ce *droit des nations particulier* jetteroit aussi plus de jour sur le droit
des gens general de l'Europe, et constateroit
la verité des principes qu'on lui prête, ou ser-
viroit à limiter ceux qui ont été avancés trop
généralement. Le chapitre des *reprises* semble offrir l'exemple de l'un et de l'autre.

Fait à Gottingue ce 16 Mars 1795.

g) *Observations sur le traité de Versailles du 1 May
1756; et dans: La Politique de tous les cabinets de
l'Europe pendant les regnes de Louis XV. et de
Louis XVI. T. I. II. 8.*

h) *La situation politique de la France et ses rapports actuels avec toutes les puissances de l'Europe. 1789. 8.*

Chapitre

Chapitre I.
Histoire des armateurs.

§. 1.

Notion des armateurs.

On nomme *armemens en course* les expeditions de particuliers en tems de guerre qui, munis d'une permission particulière d'une des Puissances belligerantes, arment à leurs frais un ou plusieurs vaisseaux, dans le dessein principal *de courre sûs à l'ennemi* et d'empêcher les sujets neutres ou amis de faire avec l'ennemi un commerce regardé comme illicite.

Il se peut qu'une seule et même personne fasse à la fois les frais du vaisseau, et des munitions, et commande ce vaisseau en Capitaine. Ces cas sont rares. Le plus souvent quelques particuliers s'associent pour faire les frais du vaisseau et des munitions a) et conviennent

---

a) Autrefois on distinguoit assés souvent: 1) les associés qui fournissoient le vaisseau et les munitions de guerre 2) les avitailleurs qui fournissoient les vivres 3) le Capitaine et les mariniers. Aujourdhui ordinairement ceux qui fournissent le vaisseau, fournissent aussi les vivres. Ceci influe sur le partage de la prise, comme on le verra dans la suite.

viennent avec un d'eux, ou avec un tiers, de le choisir
pour Capitaine commandant le vaisseau armé; alors les
premiers s'appellent *armateurs*, et le dernier *Commandeur*; cependant le nom d'armateur se donne aussi
souvent au dernier, et c'est lui au quel la commission
du Souverain s'addresse.

L'armateur differe du *pirate*; 1) le premier est
muni d'une Commission ou de lettres de marque du
Souverain, dont le pirate est destitué. 2) L'armateur
suppose le cas d'une guerre, (ou dumoins celui de represailles,) le pirate pille au sein de la paix comme
au milieu de la guerre. 3) L'armateur s'oblige d'observer les ordonnances et les instructions qui lui ont été
données, et de n'attaquer qu'en consequence de celles-
ci l'ennemi, et ceux des vaisseaux neutres qui font
un commerce illicite, le pirate pille indistinctement
les vaisseaux de toutes les nations, sans observer même
les loix de la guerre. Mais, sous ce dernier point
de vue, les armateurs peuvent dégénérer en pirates,
lorsqu'ils s'écartent des bornes qui leur sont prescrites, et c'est une des raisons pourquoi si souvent on
trouve les premiers confondus sous un même nom *b*)

avec

b) Proprement ceux qui sans autorité publique pillent
   indistinctement, sont appellés *pirates*, *écumeurs de mer*,
   forbans, en Anglois *Pirates*, en Hollandois *Zeeroövers*
   Zeeschuimers en Allemand *See-rauber*, *Seehahnen*; (Aske-
   mann) ceux au contraire qui naviguent avec lettres de
   marque ou de commission sont appellés *Armateurs*, ou
   lorsqu'ils commandent un très petit vaisseau, *Capres*,
   en Anglois *Privateers*, *commissioned vessels*, *Freebotters*,
   en Allemand *Freybeuter*, *Caper*, en Hollandois *Vreebuy-*

ter

avec les derniers; D'ailleurs les notions étoient moins distinctes autrefois qu'elles le sont aujourdhui.

Les pirates ont été considérés de tout tems comme les ennemis du genre humain, et proscrits et punis en consequence. On encourage au contraire jusqu'à ce jour les armateurs, malgré toutes les plaintes des Puissances neutres, dont ils sont le fléau, et malgré tous leurs excés, qu'on tache envain de reprimer par des loix mal observées. On verra par la suite qu'il existe une multitude de loix qui tendent à mettre les sujets neutres à couvert de la rapacité effrénée des armateurs; mais on peut dire de ces loix, ce que VOLTAIRE disoit de certaines theories de droit des gens qu'on ne suit pas: qu'elles semblent n'être faites que pour consoler les peuples des maux que font la politique et la force; elles donnent l'idée de la justice comme les portraits celle des personnes qu'on ne peut voir. Encore le portrait que ces loix presentent n'est rien moins que celui d'une beauté sans tâches.

§. 2.

Guerres du moyen âge.

Dans lés siècles qui suivirent la déstruction de l'Empire Romain en Occident, les Guerres dégenere-

B 2

rent

---

ter *Caper* et leur metiér *Vrye neering.* Le terme de *Corsaire* (de l'Italien *Corso*) est le terme générique de pirates et d'armateurs; il s'applique à tous les deux, surtout aux Africains qui approchent assés des pirates. Mais on trouve aussi dans les traités et dans les loix de tems plus réculés les Armateurs sous le nom d'*écumeurs de mer*, les pirates sous le nom de *Freebotter*, *Freybeuter* etc.

rent en un pur brigandage, et les guerres maritimes
en pirateries. Tandis qu'à l'exemple des Sarrassins
les habitans des côtes de la mediterranée, infesterent
cette mer de leurs pillages, les Normands couvrirent
la mer du Nord et la Baltique de leurs Pirates. Dans
l'état d'anarchie où depuis l'Europe se vit longtems
plongée, on oublia le principe que la guerre est un
droit appartenant au souverain seul; et l'abus du systeme feodal, en bornant les devoirs des puissants vas-
saux presqu'à la seule fidelité féodale, encore assés
souvent rompue, favorisa ces guerres privées de particuliers même contre leurs concitoyens, dont l'histoire
du moyen âge fourmille.

Tant que ces guerres privées étoient publiquement tolérées, il devoit sembler peu surprennant de
voir le sujet d'un état poursuivre ses droits contre les
sujets des nations étrangéres par toute sorte de voyes
de fait, sans attendre une permission particulière de
son Souverain, lors même que les deux états vivoient
en paix; on trouve de plus des traités où ce droit est
assés clairement reconnu; tels sont les trèves entre
la France et l'Angleterre de 1228 de 1235 *c*) et autres.

A plus forte raison, dans une guerre déclarée
par les souverains des deux états, on crut les sujets
en

c) Le traité de 1235 comme celui de 1228 porte: quod
si infra 2 menses postquam forisfactum eis (*subditis*)
constiterit, emendatum non fuerit, ex tunc *ille cui
forisfactum fuerit* poterit currere super forisfactorem
suum, donec plenarie fuerit emendatum, et *nos sine nos*
mesfacere poterimus juvare hominem nostrum contra
malefactorem. Dumont T. I. P. I. p. 166. 589 le même
passage se trouve répété dans les trèves de 1238. ibid.
p. 182. de 1255. ibid. p. 598 etc.

en droit d'entreprendre des expeditions privées pour nuire à l'ennemi, sans authorisation particulière. La formule très ancienne des declarations de guerre qui enjoint à tous les sujets de *courre sùs à l'ennemi* paroissoit tendre et suffire à cette fin. Elle n'étoit pas autrefois une phrase destinée d'efficacité comme elle l'est aujourdhui, qu'elle auroit dû être longtems proscrite des manifestes.

§. 3.

Expéditions privées sur mêr.

Tant que les mers étoient couvertes de pirates un navire marchand ne pouvoit guére hazarder seul un long voyage, quelque armé qu'il fût. On s'associa pour aller de *conserve*, on choisit un chef appellé dans la suite amiral, on convint du partage du butin qu'on feroit en se defendant contre les pirates et les ennemis.

Ces associations ne se bornoient pas toujours à la defensive, on s'associa de même dans le dessein principal de nuire à l'ennemi et aux pirates *d*), sans

B 3

s'emba-

---

d) On trouve entre autres un exemple memorable d'une société de ce genre formée en Danemarc au 12. siecle, dont le chef s'appelloit *Votheman* et qui avoit ses loix conventionnelles particulières voyés Suhm *historie af Danemarc* T. VI. p. 95. Ces loix portent entre autre: Art. 1. qu'il leur sera permis de prendre tous les vaisseaux qu'ils jugeront propres à leur expedition, même sans la permission du propriétaire, en lui donnant $\frac{1}{8}$ du butin pour droit de frêt. Art. 3. qu'ils ne se chargeront de rien que des armes et munitions necessaires.

Art.

s'embarasser de donner une forme légale à ces expeditions.

La celebre collection d'usages maritimes du moyen age connue sous le nom du *Consulat de la mer*, collection que quelques uns font remonter en partie jusqu'au 11. siècle *e*), tandis qu'un auteur moderne *f*) semble avec plus de droit placer son origine entre les années 1250 et 1266, renferme une ordonnance fort étendue concernant les vaisseaux armés qui vont en course *g*); on y detaille les droits de ces sociétés privées de corsaires, en leur attribuant la propriété de ce qu'elles auront enlévé à l'ennemi, sans les assujettir à aucune permission, à aucune commission du souverain, sans les obliger à delivrer une part quelconque au butin fait sur l'ennemi, sans même les assujettir à attendre une condamnation judiciaire de leur prise, avant d'en disposer.

Dans un autre passage de cette même collection *h*) il est généralement déclaré permis aux navires marchands

> Art. 7. que le butin sera partagé également entre eux, et le pilôte n'aura pas plus que le mâtelot. Art. 8. que s'ils rencontrent des Chrétiens sur les vaisseaux pris, ils les relacheront, et leur donneront des vêtemens.

e) WESTERVEEN *het Consulaat van de Zee* dans la préface.

f) A. DE CAPMANY Y DE MONTPALAU *Codigo de las lostumbres maritimas de Barcelona* Madrid 1791. 4to; discours préliminaire p. XVIII.

g) *Ordenanzas de los armamentos maritimos para la guerra del Corso.* Quelques uns font passer cette ordonnance pour la 3. partie du Consulat, d'autres comme CAPMANY la regardent comme un annexe.

h) Chap. 285.

chands de prendre et de s'approprier des vaisseaux armés de l'ennemi.

Quoique formée dans un but bien plus noble que celui du pillage, et plûtot directement opposée aux pirateries, l'illustre association connue depuis 1241 sous le nom de la *Hanse Teutonique* se vit necessairement impliquée dans nombre d'expeditions militaires, avant même qu'en s'ingerant, souvent sans necessité, dans les grandes affaires de l'Europe, elle aie contribué à preparer sa chute. Cette association consistoit en grande partie de villes municipales; mais ceci n'empéchoit pas de considerer ses expeditions militaires comme légitimes, et les prises que firent ses vaisseaux quoique armés aux fraix des particuliers et souvent destinés principalement au transport de marchandises, ne leurs furent point disputées. Cependant, dumoins dans les premiers siècles, il n'a pas été question pour eux de se munir avant leur depart d'une authorisation de leurs souverains réspectifs.

Loin de mettre des entraves à de telles expeditions privées les souverains tachoient d'encourager leurs sujets à les former. On trouve un exemple memorable, de ce genre à la fin du 14. siècle. *Albert* duc de *Meclembourg* et Roi de *Suède* aiant été fait prisonnier dans sa guerre contre les *Danois* les villes de Rostock et de Wismar publiérent de l'aveu de leur Prince: que si quelqu'un auroit envie d'armer à ses propres fraix en course contre le *Danemarc* et la *Norvège*, il lui seroit permis de vendre ses prises à *Ribbenitz* et à *Gollwitz*. i)

B 4   II

i) Crantzius *in Wandalia* Lib. IX. Cap. 22. 25. 29. L. X. Cap. 6.

Il s'arma une multitude de gens sans aveu, connus dans la suite sous le nom de frères *Vitaliens k*);
mais leurs courses dégénerèrent bientôt en une affreuse
piraterie, qui, après avoir forcé plusieurs princes d'armer contre cette horde de forbans, finit assés longtems
après par le supplice des principaux chefs. *l*)   Si cet
exemple n'a pas engagé à bannir tout armement particulier, comme on auroit pû l'attendre, il semble
dumoins avoir contribué à faire naître nombre de loix
et de traités du 15. et 16. siecle contre les pirates. *m*)

§. 4.

Origine des lettres de marque et de represailles en tems de paix.

Cependant l'experience fit voir enfin, qu'ainsi
que les guerres privées entre les citoyens étoient in-
compatibles avec le repos et la sureté interne de l'état,
de même l'usage des voyes de fait, employées contre
l'étranger à l'arbitre des particuliers, troubloit conti-
nuelle-

k) *Victualien Bröder*, pretextant avoir servi au commencement à l'approvisionement de la flotte Suèdoise.

l) Schütz *Hist. rerum Pruss.* L. 9. p. 399. *Theatrum Europ.*
T. I. p. 961.   Thuanus *hist. sui temp.* L. 22. princip.
G. H. de Post *de cura senatus Bremensis circa rem Nau-
ticam* Gott. 1780. §. 21.

m) Traité entre *l'Angl.* et *l'Autriche* de 1475. art. 15. 17.
Traité de Paix entre *l'Angl.* et les *Prov. Unies des Pays-
Bas* 1495. art. 15. 16.   Traité entre la *France* et la
Rep. de Venise 1513, entre la *France* et *l'Angl.* 1514.
1515. entre *l'Espagne* et *l'Ecosse* 1550. tous dans la
collection de Mr. Dumont. Sur les conventions des villes Anseatiques à ce sujet voyés de Post l. c. §. 20.

nuellement le repos exterieur; qu'en donnant lieu à la rupture des trêves, il fit naître les guerres les plus funestes. A mesure donc qu'on commença à défendre les voyes de fait entre les sujets d'un même état, on commença aussi à restreindre celles qui s'exerçoient contre les étrangers.

Déja dans une multitude de trêves et de traités de paix du 13. siècle on avoit stipulé que les sujets des deux parties ne pourroient exercer des voyes de fait qu'après s'être addressé aux conservateurs de paix, usités à cette époque, et après avoir vainement attendu d'eux le redressement de leurs griefs pendant un terme fixé; mais surtout tandisque jusque là les sujets ne cherchoient une autorisation de la part de leur Souverain, que lorsque les circonstances sembloient leur *conseiller* cette mesure, on commença au 14. siècle *n*) à les *obliger* d'obtenir préalablement

de

n) On trouve des diplomes déja du 12. Siécle où il est question du droit de *marché* voyés le dipl. de 1152 chés DU CANGE verbo MARCHA; mais là ce droit ne signifie que la faculté de saisir d'autorité privée les biens ou la personne de ceux contre lequels on avoit des griefs. On trouve d'autres exemples de la fin du treizième siècle de sujets sollicitant auprès du Souverain des lettres de *marque.* C'est ainsi que le Roi *Eduard* I. d'Angleterre dit dans une lettre de l'an 1295: (RYMER T. II. p. 691). "BERNARDUS *nobis supplicavit ut nos sibi licentiam* marcandi *homines et subditos de regno Portugalliae et bona eorum per terram et mare, ubicumque eos et bona eorum invenire posset, concederemus, quousque de sibi ablatis integram habuisset restitutionem.* Mais il semble que ce n'est qu'an 14. siècle que se forma

B 5

l'usage

de celuici une permission moyennant des lettres de *répresailles* et de *marque.*

Les premières donnoient le droit de s'emparer des biens étrangers dans l'enceinte de la jurisdiction du souverain qui les accordoit; les lettres de *marque* (du vieu mot *marche* qui signifie limite) autorisoient à des saisies hors des limites du territoire. On a cependant dans la suite confondu ces deux expressions, et s'en sert anjourdhui indistinctement, pour designer l'un et l'autre. On appelloit lettres de *contre marque* celles qui furent decernées contre ceux qui avoient les premiers donné des lettres de marque. On trouve aussi le terme de *contre prises.*

D'abord en France on commença à conférer aux *Gouverneurs* et aux *Parlemens* le droit d'accorder des lettres de represailles comme le prouvent les arrèts des

l'usage de considerer comme necessaire d'être muni de telles lettres de marque, aussi n'est-ce qu'à cette époque que je trouve qu'il en est fait mention dans les traités. C'est ainsi que dans une ordonnance de Philippe le Bel. de 1313. qui se rapporte au traité avec le Roi d'Arragogne il est dit: qu'avant d'en venir au droit de marque la requisition à l'amiable devra preceder et qu'il sera necessaire: *ut de requisiti in reddenda iustitia defectu constet illi qui Marcham indicere voluerit* per litteras regias vel alia publica instrumenta *antequam ad dictam marcham faciendam procedat.* Dans le Traité de trève entre la France et la Grande Brétagne du 7 May 1360 il est question de faire cesser les *reprisalles, marques et Contriprises* Dumont T. II. P. I. p. 16. voyés aussi la lettre du Roi de *France* à celui *d'Arragogne* de 1396. Du Canor l. c.

des parlemens de 1345 *o*) et de 1389. 1392. 1394
qu'allegue LA ROCHE FLAVIN. *p*) Ensuite les Etats
assemblés à Tours 1483 aiant fait des representations
au Roi sur la necessité d'user de grandes précautions
à cet égard, *Charles* VIII. par un édit de 1485 réserva
ce droit au Roi seul. *q*)

En Angleterre déja la grande Chartre de la liberté Anglicane de l'an 1215 assuroit aux marchands
étrangers la liberté de l'entrée, du séjour et de la sortie de l'Angleterre avec exemtion de vexations en n'exceptant que le seul cas d'une *guerre déclarée. r*) Un
acte du Parlement de l'an 1353 porte: *que les biens
d'un marchand étranger ne seront pas saisis pour les
crimes ou dettes d'un autre, si ce n'est que dans le
cas où quelques Seigneurs étrangers après avoir causé
dommage à des sujets anglois se refusent à donner satisfaction après en être duement requis*, le Roi a *le
droit de marque et de represaille* "comme il a été
usité par le passé." *s*)

Si

o) *Code des Prises* T. I. p. xxv. dans la nôte.

p) *Des Parlemens de France* Liv. 13. Chap. 57. p. 807.

q) BOUCHAUD *théorie des traités de commerce* p. 484. c'est
  pourquoi le *Guidon de la mer* Chap. 10. dit: *cetuy droit
  est de puissance absolüe, aussi il ne se communique ni
  delegue aux Gouverneurs des Provinces, villes et Cités
  Admiraux Visadmiraux, ou autres Magistrats.* v. CLAI-
  RAC *us et coutumes de la mer* p. 301.

r) Magna Charta de 1215. Chap. 41. v. m. Recueil *Sammlung der Grundgesetze* T. I. p. 718. Magna Charta de
  1224. cap. 30. ibid. p. 728.

s) 27 Edw. III. (1353) St. 2. cap. 17. *Item que nul mar-
  chaunt estraunge soit emplede ou empeche pur autri*
  très-

Si dans cette loi l'usage de voies de fait contre les étrangers et leurs biens fut déja considerée comme un droit de souveraineté, une autre de l'an 1414 *t*) déclare pour crime de haute trahison toute infraction aux traités de paix et aux saufconduits accordés aux étrangers qui seroit commise par les sujets, soit en Angleterre ou en Irlande, soit sur les mers; mais afin que les étrangers ne puissent se prévaloir de cette disposition, pour causer impunément dommages aux sujets du roi, il fut statué 1416 *u*) que dans ces cas, à moins que dans quelque traité précédent tout usage de represailles auroit été aboli entièrement, *le Roi* accordera des *lettres de represailles*, qu'à cet effet les parties s'addresseront au Garde des Sceaux lequel expediera d'abord des lettres de requisition; que si alors dans un tems convenable la partie requise ne donnera pas due satisfaction le *Chancelier* d'Angleterre expediera à la partie lezée des lettres de marque en duë forme et sous le grand sçeau.

Dans

---

trespas, ou pur autri dette, dount il n'est pas dettour plegge ou mainpernour: purveu tout foiz; que si nuls noz liegez gentez, marchauntz ou autres, soient endamages per ascuns Seignurs dez estraunges terrez ou lour subjectz, et les ditez Seignurs duement requis faillent de droit a nous ditz gentz; nous eioms le ley de marck et represalx, come ad este use avaunt cez heures, saunz fraude ou mal engine etc.   Runnington *Stat. at large* T. I. p. 280.

t) 2 Henr. V. St. 1. cap. 6.   Runnington *Stat. at large* T. I. p. 490.

u) 4 Henr. V. cap. 6. Runnington T. I. p. 506. Cf. Blackstone *commentaries* L. 1. Chap. 7. n. 4.

Dans les Provinces des Pays Bas l'usage des lettres de represailles fut également introduit avec le 15. siècle. x)

De même dans les traités de trêve et de paix avec les Puissances étrangères il fut convenu de plus en plus, que non-seulement les represailles exercées jusque là cesseroient, mais qu'aussi dans la suite, si pendant le cours de la trêve les sujets de l'un auroient à former des plaintes contre les sujets de l'autre, on s'addresseroit d'abord au souverain de celui ci, et que seulement en cas de déni de justice les represailles pourroient être exercées *en vertu de lettres de marque et de represailles* accordées par le souverain. y)

On stipula même de faire prêter caution à tous les vaisseaux, qui sortiroient des ports, de ne point exercer des represailles; comme on en voit l'exemple dans les traités entre la *France* et *l'Angleterre* de 1440 z) et de 1468 a) entre l'Angleterre et l'Espagne de 1489 b) usage qui semble avoir contribué à l'origine des cautions que dans la suite on à fait prêter aux armateurs.

Depuis, dans une multitude de traités de commerce, dont il suffira d'alléguer les plus recents, il a été stipulé, que les biens des sujets reciproques ne

pour-

x) Pestel *commentarii de rep. Batava.* §. 395.

y) Traité de 1489 entre les Rois de *France* et *d'Espagne.* Traité de 1550 entre *l'Espagne* et *d'Ecosse,* Dumont T. IV. p. II. p. 11.

z) Dumont T. III. P. I. p. 548.

a) Dumont T. III. P. II. p. 97.

b) Dumont T. II. P. II. p. 219.

pourroient point dans les états de l'autre être saisis pour les dettes de leurs compatriotes, et qu'en general cette saisie n'auroit pas lieu excepté pour cause de dette ou de crimes du propriétaire *c*) ou tout au plus dans celui d'un deni de justice duëment manifesté *d*).

Tout ceci a contribué à rendre l'usage de ces sortes de lettres de represailles très rare aujourdhui *e*), et même à en restreindre l'objet en ne permettant quelquefois de saisir que les biens d'autres sujets situés hors du territoire, ou ceux que le debiteur même possederoit

c) Traité entre la *France* et les *Prov. Unies* 1759 art. 13. entre la *France* et le *Danemarc* 1742 art. 31. entre la *Suède* et la *Sicile* 1742 art. 22. entre les *Prov. Unies* et la *Sicile* 1753 art. 36. entre les *Prov. Unies* et l'*Amérique* 1783 art. 8. entre la *Suède* et l'*Amérique* 1783 art. 17. entre la *Prusse* et l'*Amérique* 1785 art. 16. entre l'*Autriche* et la *Russie* 1785 art. 9. de l'edit *Autr.* et art. 55. de l'edit *Russe*; entre l'*Angl.* et la *France* 1786 art. 3. entre la *France* et la *Russie* 1787 art. 22* entre la *Russie* et la *Sicile* 1787 art. 11. entre la *Russie* et le *Portugal* 1787 art. 18.

d) Traité entre la *France* et les *Prov. Unies* 1759 art. 33. Traité entre la *France* et le *Danemarc* 1742 art. 44. Entre la *Suède* et la *Sicile* 1742 art. 22. Entre les *Prov. Unies* et la *Sicile* 1753. art. 36.

e) On trouve dans le *Code des Prises* T. I. p. xxv. les exemples où la France a accordé de telles lettres de represailles; ils sont en très petit nombre; le plus ancien est de 1596 le plus recent celui de 1778. Dans ce dernier cas elles n'eurent point d'effet à cause de la guerre survenue. L'ordonnance de marine de 1681. Liv. III. tit. 10. renferme un titre entier de ces lettres de represailles.

sederoit chés nous. *f*) Encore a-t'on préféré quelquefois
dans les tems plus recens de decerner directement au
nom de l'etat la saisie des biens qu'on veut faire servir à l'indemnisation d'un sujet lezé. *g*)

§. 5.

Lettres de marque pour le cas de la guerre.

S'il importoit de mieux assurer le repos en tems
de paix en limitant l'usage des represailles, il y avoit
également des motifs pressants pour defendre, même
en tems de guerre, toute violence privée sur mer qui
ne seroit point précédée d'une autorisation du souverain. C'étoit le seul moyen pour exterminer ces pirateries si dangereuses pour toutes les nations com-
merçantes, et auxquelles le pretexte d'une guerre quelconque ne pouvoit pas aisement manquer, dans des
tems, où il étoit bien rare de voir l'Europe en paix.
Il importoit tant aux deux Parties belligerantes qu'aux
neutres

f) Voyés p. e. une telle lettre de represailles accordée par
Charles II. en Angleterre, dans *Laws of the Admiralty*
T. I. p. 210. une autre de Louis XVI. dans *Code des
Prises* T. II. p. 657.

g) C'est ainsi que le Roi de Prusse en épousant les plaintes de ses sujets contre les armateurs Anglois décerna
1753 la saisie de capitaux dûs à des sujets Anglois v.
*l'Exposé des motifs qui ont engagé le Roi de Prusse à
saisir les capitaux* etc. 4to. C'est ainsi que les Etats-
Generaux decernerent 1785 la saisie de navires Veni-
tiens pour servir d'indemnisation à Mrs. CHOMEL et
JORDAN dans leurs pretensions contre Mr. CAVALLI re-
sident de la république de Venise à Naples; voyés
HAUSEN *Neue Staatskunde von Holland* St. I. p. 165.

neutres de faire cesser ces brigandages sur mer, également nuisibles à tous. Il eut été bien heureux si on eut pris la resolution de défendre toute sorte d'armemens particuliers, et d'abandonner la guerre maritime aux seuls vaisseaux du Souverain; mais les Puissances ne pouvant se resoudre à renoncer à un moyen de nuire à l'ennemi, sans que les fraix en retombent sur elles, se flatterent de choisir un milieu, en imposant à ceux des sujets, qui dans une guerre déclarée voudroient armer contre l'ennemi, cette même necessité d'obtenir la permission du Souverain, qui leur fut imposée pour l'usage des represailles en tems de paix; et dès lors tous ceux qui ne pourroient pas se légitimer par une telle permission particulière d'un Souverain belligerant, devoient être traités de Pirates ou Forebans et punis en consequence. Mais il y avoit loin encore de la publication de ces loix à leur exécution. Le droit de donner ces lettres de marque, de contre marque, ou de represailles de guerre fut confié dans la suite aux chefs des forces navales, connus depuis le tems des Croisades sous le nom d'amiraux *h*), et le droit de juger
de

h) Le nom d'Admiral, et d'Amirauté a été emprunté des Sarrassins, qui appelloient *Amir* ou *Emir* les chefs de leurs forces militaires, et surtout maritimes (DU CANGE *Glossarium* v. *Amiralius*) et *Emir-al-Omara* les chefs suprêmes v. MAILLY *histoire des croisades* T.I. p.136. Si ce nom a été employé deja quelquefois en Europe après que les Sarrassains fondirent sur l'Espagne, il semble qu'il n'a été adopté plus généralement que depuis l'Epoque des Croisades; d'après DU CANGE les Siciliens ont été les premiers à appeller ainsi les Chefs de leur flotte depuis 1142. En Angleterre on trouve des
Amiraux

de leurs prises et de leur conduite fut attribué aux tribunaux d'amirauté.

C'est ainsi que déja l'ordonnance de Charles VI. Roi de *France* sur le faict de l'Admiraulté du 7. Dec. 1400 porte: Art. 3: *Se aucun de quelque estat qu'il soit, mettoit sus aucun Navire à ses propres despens pour porter guerre à nos Ennemis, ce sera par le congé et consentement de nostre dit Admiral ou son Lieutenant, lequel a ou aura au droict de son dit office la cognoissance, jurisdiction, correction et punition de tous les faits de la dite mer et des dependances, criminellement et civilement i).*

En *Angleterre* un acte du Parlement de 1414 k), oblige les vaisseaux privés qui auroient enlevé quelque

Amiraux depuis Henri III. 1216. voyés CAMPBELL *Leben Britt. Admirale* T. I. p. xiv. et depuis Eduard III. un Grand Admiral et un tribunal d'Amirauté v. *Laws of the Admiralty* T. II. p. 357. 360. BLACKSTONE T. III. p. 69, sous Richard II. un acte du parlement fixa l'étendue de sa jurisdiction 13 Richard II. c. 5. (1389). RUNNINGTON T. I. p. 385. La liste des Grand - Amiraux d'Angleterre depuis Henri III. se trouve dans LEDIARD's *naval history* Vol. I. p. 131. En France les Chefs de la flotte royale, dont DU CANGE l. c. donne la liste depuis l'an 1270, furent appellés Amiraux, dumoins depuis 1284.

i) *Code des Prises* T. I. p. 1. Cette disposition a été souvent repétée depuis; 1517. 1543 et dans l'ordonnance de le marine de 1681 *Titre des Prises* dont le premier article porte: *Aucun ne pourra armer Vaisseau en Guerre, sans Commission de l'Amiral.*

k) 2 Henr. V. cap. 6. RUNNINGTON T. I. p. 491.

que chose aux ennemis de l'Etat, de conduire leur prise dans un port de l'Angleterre et d'en faire la déclaration au Conservateur de paix, avant d'en disposer, sous peine de confiscation de leur navire et de la prise.

De même dans l'ordonnance pour l'Amirauté des *Pays-Bas* donnée en 1487 par Maximilien et son fils Philippe *l)* il fut reglé *m)* que personne n'armera en course sans la permission expresse de l'Admiral ou de son Lieutenant *n)* et que le chef, maitre et quartier-maitre *jureront* de ne pas piller des sujets ou ceux des puissances amies, et ceux qui auront des sauf-conduits de l'amiral. Ces dispositions ont été répétées presque de mot à mot dans l'ordonnance de 1540. *o)*

§. 6.

l) *Recueil van Zeezaken* D. III. p. 1—22. l'introduction de cette loi fait voir que les armemens et pillages faits iusqu'alors sans permission étoient la cause principale qui engagea à la donner.

m) Art. 2. *Nul ne pourra mettre sus Navire de guerre sur mer, es meres de nostre obeissance, sans congie et licence expresse de nostre dit Admiral, ou de son Lieutenant, auquel cas, il informera, ou fera informer si le dit Navire sera bien attintre et habillée de toutes choses necessaires pour la guerre.*

n) Art. 3. *Semblablement scaura, qui sera le chief de la Navire, afin que sous umbre de la Guerre les Marchands de nos Pays, terres et Seigneuries et de nos bienvueillans et alliéz ne soyent pillés, et desrobés — feront jurer au dit Chief au Maistre et Quartiermaistres, de non piller ou rober nos subjects, ceulx de nos bien veuillans et alies et ceulx, qui auront saufconduict et seureté de nostre dit Admiral, et qu'ils se conduiront bien et deuement, en faisant la Guerre seulement à nos Ennemis.*

o) *Recueil van Zeezaken* D. III. p. 23 et suiv. art. 2 et 3; A ce simple serment on ajouta dans la suite la necessité de prêter caution; par l'ordonn. de 1597.

§. 6.

Armateurs au 15. siècle.

En tant donc qu'on fait reposer le caractère distinctif de nos armateurs d'avec les pirates, sur ce que les premiers sont munis du consentement particulier d'une Puissante belligérante; il semble qu'on peut faire remonter leur origine jusqu'à la fin du 14. ou au commencement du 15. siècle *p*); mais sans doute durant le 15. siècle leur usage étoit beaucoup moins general, leurs droits et leurs devoirs étoient moins fixés, et peut être moins étendus que depuis la fin du 16. siècle.

Il semble surtout, qu'au commencement ces lettres, à l'exemple de celles qu'on avoit donné pour des represailles en tems de paix, n'autorisoient absolument

C 2

qu'à

p) Ceux qui comme WILLENBERG *de excursionibus maritimis* Chap. 2. §. 4. font descendre nos armateurs de la Reine Theute d'Illyrie, semblent n'avoir pas eu égard à ce qui fait le caractère distinctif des armateurs. On a pillé de tout tems. Ce n'est que sous ce dernier point de vue que Mr. VALIN dans son traité *des prises* p. 1. 2. a pu soutenir que les armemens en course ont existé *de tout tems.* On doit convenir du reste, et plusieurs passages déja cités le prouvent, que le premier usage des lettres de marque et de represailles remonte à des époques antérieures au quinzième siécle; mais il paroit que surtout en tems de guerre les sujets n'y avoient recours que lorsque les circonstances les *engagèrent* à se munir de l'autorité publique; et que la *defense* d'armer en tems de guerre sans permission n'a été introduite que vers la fin du 14. siécle; ce n'est donc que dès lors que ces lettres de marque devinrent le caractère distinctif essentiel entre l'armateur et le pirate.

qu'à attaquer les vaisseaux de l'ennemi contre le quel elles furent données. Cependant aujourdhui il y a cette distinction essentielle à faire, que tandis que ceux qui sont munis de lettres de marque en tems de paix, ne sont absolument pas autorisés à des voyes de fait quelconques contre les navires et sujets d'autres nations, que de celle contre la quelle leur commission est donnée, et qu'en les exerçant ils deviennent pirates, les lettres de marque données pour le cas de la guerre, quoique encore toujours dirigées contre le seul ennemi, sont censées autoriser les armateurs à visiter et à saisir les vaisseaux neutres dans les cas exprimés par les ordonnances et les Instructions pour les armateurs qu'on a coutume de publier au commencement d'une guerre. C'est sous ce dernier point de vue que les armateurs sont devenus le fléau du commerce des neutres, et que leur usage n'a été plus général et leur secours plus recherché que depuis que presque toutes les guerres maritimes sont devenues guerres de commerce.

Jusqu'au 16. siècle la politique de commerce entroit pour peu de chose dans la pluspart des guerres des *grandes Monarchies* de l'Europe. Mais la decouverte du nouveau monde et du chemin qui conduit aux Indes avoit commencé à fixer les yeux des Souverains sur l'importance du commerce, l'exemple des Pays Bas revoltés contre l'Espagne leur fit voir les ressources qu'il procure, et depuis qu'en Angleterre la haine contre cette république avoir fait éclore le fameux acte de navigation 1652, depuis qu'à peu près à la même époque la France se mit au rang des puissances maritimes et à colonies, presque toutes les guer-

res

rès sur mer respirèrent la jalousie de commerce, et l'affaiblissement de celui de l'ennemi devint à la fois, et le principal motif, et un des moyens les plus efficaces des guerres qui désolèrent la terre; Plus les besoins de la guerre étoient multipliés, plus le commerce fût étendu, plus il sembloit important d'empêcher, que celui des nations amies ne put sous l'ombre de la neutralité servir à renforcer l'ennemi, ni même acquerir durant le cours de la guerre une préponderance capable de l'emporter encore après le rétablissement de la paix. *q*)

Alors les armateurs, servant à ces vues sans être à charge à l'état, devoient sembler plus utiles, et la nécessité de les encourager par l'appas du butin et des recompenses plus pressante.

De là cette inconsequence frappante et contre laquelle on a tant de fois declamé *r*) que tandisque dans les guerres du continent les nations civilisées de l'Europe (tant qu'elles ne trahissent point ce caractère) s'efforcent à en faire retomber le moins que possible le fardeau sur les sujets paisibles de l'ennemi, et qu'elles respectent leur propriété moyennant une contribution levée, en n'autorisant le pillage que dans quelques cas

C 3

extraor-

q) En énonçant ce dernier motif, je suis fort éloigné de le justifier; mais comment se méprendre sur son existence, et sur les suites qu'il produit. Cette observation a déja été faite par Mr. DE STECK dans ses *essais* 1794. p. 112.

r) MABLY *droit public de l'Europe* T. II. Chap. 12. GALIANI *dei doveri dei principi neutrali* etc. L. I. Chap. 10. surtout LINGUET *annales politiques* T. V. p. 518. T. VI. p. 104 et suiv.

extraordinaires, on a conservé dans les guerres maritimes l'usage barbare de priver les sujets ennemis de
leurs navires et de leur cargaison, en defendant même
presque généralement aujourdhui d'accepter une rançon;
que tandisque c'est un principe reconnu dans les guerres du continent, que, le seul cas de necessité excepté, on doit respecter le territoire et les isles des
puissances neutres, on se permet de fondre sur les navires neutres pour les fouiller, et de les trainer dans
des ports étrangers sous des pretextes souvent assés
mal fondés; que tandis que l'ennemi doit respecter la
propriété neutre qu'il rencontre dans les états de son
ennemi, on autorise la confiscation de marchandises
neutres par la seule raison qu'elles ont été placées sur
un navire ennemi.

De là encore en partie cette difference établie
en faveur des armateurs entre les prises et surtout les
reprises faites par les vaisseaux du Souverain, et celles qui ont été enlevées par les vaisseaux armés en
course.   La gloire et le devoir appellent l'officier
à combattre l'ennemi toutes les fois qu'il y va de
l'interêt de son Souverain, et l'honneur est la plus
belle recompense de ses travaux et de ses dangers;
Il n'en est pas de même de l'armateur. Indifferent
au sort de la guerre, et souvent de sa patrie, il n'a
d'autre amorce que l'avidité du gain, d'autre recompense que ses prises et les prix attachés par l'état
à ses piratéries privilegiées. s)   Pour encourager des

particu-

---

s) Je ne pretends par qu'il n'existent des cas où des armateurs ont agi par un plus noble motif. Je sais même
qu'en

particuliers à faire les frais considérables des armemens en course il faut leur présenter l'appas d'un riche butin, et en leur préscrivant une moderation qu'ils se promettent bien de ne point observer, ne pas les effrayer par des restitutions trop multipliées qu'on leur imposeroit. *t*) De là encore à mon avis cette imperfection dans les loix concernent les réprises. Le devoir du souverain l'engage il est vrai à pourvoir à ce que ses sujets dans le cas d'une reprise ne soient pas toujours frustrés entièrement de leur propre bien; mais quant aux étrangers — on gagne à laisser ces cas indécis,

C 4

qu'en France 1781 une société d'armateurs donna un exemple d'une generosité extraordinaire en restituant une reprise legitime. v. EMERIGON T. I. p. 493; mais le soin avec lequel ce même exemple a été transscrit d'un écrit François dans l'autre, semble prouver qu'il étoit difficile d'en trouver un second; que penser dans la généralité de gens assés lâches pour attaquer des particuliers sans defense.

t) S'il falloit une preuve que ce principe plustôt que la persuasion que par la prise achevée la propriété du premier possesseur vient à s'éteindre, a dicté les loix sur les reprises, il ne seroit par difficile de la trouver dans ces loix même. L'ordonnance de Louis XIV. tit. d. prises art. 71. porte: que si sans recousse un vaisseau pris par l'ennemi retomberoit entre les mains des sujets du Roi par quelque hazard, ceux-ci seroient obligés de la restituer au premier propriétaire, bien qu'il auroit été au de là de 24 heures entre les mains de l'ennemi. Ce même point est introduit en Espagne par l'ordonnance de 1718. On ne regarde donc pas alors comme éteints les droits du premier propriétaire, qui sont censés perdus si son bien tombe entre les mains de l'armateur son concitoien.

decis, pour pouvoir d'après les circonstances favoriser
ou l'armateur, en lui adjugeant la reprise, ou la puissance étrangère en lui accordant comme gratification,
ce qu'en cas de loi elle pourroit demander comme un
simple acte de justice. Mais aussi on fraye par là le
chemin à des decisions arbitraires, iniques et même con-
tradictoires, aussi contraires à l'honneur des tribunaux,
qu'aux interêts des particuliers.

§. 7.

Progrès des armateurs dans la longue guerre des Pays-Bas contre l'Espagne.

Revenons à l'histoire des armateurs. Sans doute
que la guerre des Provinces des Pays-Bas contre
l'Espagne est une des époques principales dans l'histoire de nos armateurs modernes, tant pour le nombre
de corsaires qui y paroissent, que pour les règlemens
qu'on commença à faire à leur égard.

Deja en 1569 on vit le prince d'Orange expedier du fond de ses états heréditaires des lettres de
marque à plusieurs gentilhommes et autres dont le nombre accrut bientôt considerablement et qui furent connus
sous le nom de *gueux de mer*, pour aller en course
contre l'Espagne; il leur enjoignit vainement de ne
point causer dommage à d'autres puissances. Si plusieurs de ces armateurs furent punis comme Pirates
même par d'autres états que par l'Espagne u), c'est tant
à cause des excès qu'on leur reprochoit, qu'à cause des
doutes qu'on élevoit si le Prince d'Orange, qui alors
n'étoit pas encore nommé Admiral des Provinces depuis
unies,

---

u) van Meteren *Nederl. Oorloghen* Liv. III. p. 59.

mies, avoit le droit de donner des lettres de represailles. x)

Non seulement l'Espagne accorda peu après des
lettres de marque à des armateurs en grand nombre,
mais la Reine Elizabeth encouragea également les armemens en course, d'abord pour reprimer les armateurs Hollandois, en suite pour nuire à l'Espagne.
De ce genre étoit la fameuse expédition de Sr. Fr.
Dracke y) celle du Chev. Frobuscher z) etc. si re-
doutables même aux états neutres, surtout aux villes
Anséatiques. Et tandisque vers la fin de cette guerre
l'affaiblissement du commerce Espagnol rendoit ces expeditions moins lucratives pour les Hollandois et les
Zeelandois, on vit les Etats Generaux reveiller leur ancien *patriotisme* par l'appas de subsides et de recompenses très considerables. a)

C'est aussi durant le cours de cette longue guerre
qu'on trouve les puissances plus occupées à mieux fixer
les droits et les obligations des armateurs, tant par des
traités b) que par des loix, soit par rapport aux cautions

x) Wagenaer *Niederl. Hist.* T. III. Liv. 23. n. 18.

y) Les lettres de commission pour celui-ci se trouvent
dans Rymer *foed.* T. XVI. p. 16. éd. de Londres.

z) Rymer *foed.* T. XVI. p. 18.

a) V. surtout les Placards des E. Gen. du 3. Oct. 1643 et
du 8. Fevr. 1645. dans *Groot Placaat boek* T. I. p. 984.

b) On peut observer que depuis on distingua plus soigneusement dans les traités les lettres de marque pour
la guerre des lettres de represailles en tems de paix:
v. p. e. traité d'All. entre *Philippe* III. *d'Esp.* et *Jaques* I.
d'Angleterre de 1604. Art. VI.: quascunque commissio-
C 5   nes

tions à prêter avant d'obtenir des lettres de marque,
soit par rapport à leur conduite vis à vis des Puissances neutres, et aux formes judiciaires à observer pour
juger de leurs prises. Les articles touchant les armateurs renfermés dans l'instruction du Roi de *France*
pour l'amirauté de 1584 *c*), et dans celle pour les col-
lèges d'amirauté des *Provinces Unies* de 1597 *d*) ainsi
que l'ordonnance de *l'Espagne* pour la course, de 1621 *e*)
avec les cédules y annexées, ressemblent déja assés dans
la pluspart des points à nos ordonnances modernes. Il
y a cependant des états où cette legislation s'est formée beaucoup plus tard; c'est le cas de la Grande Brétagne, où la première loi importante sur les armateurs *f*) est l'acte du parlement de 1707. *g*)

Depuis

nes et litteras *tam* repraesaliarum seu de marcha, *quam*
facultatem praedandi continentes. Dans un traité du
même genre entre ces Puissances de l'an 1515 il n'est
encore parlé que généralement des represailles. On
trouve cependant deja l'exemple de cette distinction
dans le traité entre *l'Espagne* et *l'Ecosse* de 1550.

c) V. l'extrait dans: *Code des prises* T. I. p. 17.

d) Instructie voor de Collegien ter Admiraliteyt in dato
d. 13. Aug. 1597 dans *Recueil van Placaaten* etc. D. I.
p. 1 – 26.

e) Ordonnanza para navegar en Corso. Dec. 24. 1621 dans:
Abreu y Bertodano *Coleccion de los tratados* Phil. IV.
T. I. p. 555. et les cédules p. 372. 430. comparées avec
les ordonnances posterieures de 1718. 1779. etc.

f) *Laws of the admiralty* T. I. p. 221. Park *system on*
insurances p. 80.

g) 6 Anna cap. 13. il existent des loix plus anciennes, surtout
du regne d. Guill. III. comme 4. 5. W. III. cap. 25. mais
ces loix ne concernent que quelques points particuliers.

Depuis l'époque de cette guerre, la seule peut être dans laquelle ces armemens privés ayent decidé quelque chose, dumoins dans les commencemens, l'usage des armateurs n'a plus été abandonné en Europe; il s'est étendu avec plus de force, avec plus d'excès dans d'autres parties de l'univers.

§. 8.

Flibustiers.

On doit hésiter d'honorer du nom d'armateurs ces *boucaniers* et *flibustiers* qui depuis environ 1630 commencerent à être connus par leurs pirateries, et dont les exploits et les abominations ont rempli l'Europe d'étonnement et d'horreur, et l'Amérique de désolation. Normands d'origine, ensuite composés de la fange de plusieurs peuples, sur tout d'Anglois et de Français ils n'avoient rien au commencement qui put les distinguer des pirates, lors qu'après avoir chassé les Espagnols de la Tortue et de St. Domingue, les Boucaniers, y vivoient de la chasse, et les Flibustiers de piraterie. *h*)

La

h) On appelloit proprement *boucaniers* ceux qui vivoient de la chasse, à cause de ce qu'ils boucanoient la chair de boeuf, *flibustiers* ceux qui exercoient la piraterie, mais depuis qu'ils formerent un corps, on les a souvent généralement nommé boucaniers ou flibustiers. On dispûte si le terme de flibustier vient de l'Anglois *Fly-boat-* ou de *Free-booter* comme le pretend CHARLEVOIX dans son *histoire de l'isle d'Espagne ou St. Domingue* T. II. p. 7. Les premiers flibustiers n'étoient pas Anglois mais François, quoique dans la suite les Anglois se soient le plus distingués entre eux; voyés (OXMELIN) *the history of the Bucaniers of America* (Lond. Vol. I. T. II. 8. 1741. ad. 4.) Vol. I. préface.

La France dans le dessein de fonder une Colonie à St. Domingue, et de ruiner le commerce Espagnol dans ces pârages se les attacha et les traita comme sujets. Tandisque les Indiens plus feroces qu'eux encore, rôtirent ceux de leurs chefs qui tomboient entre leurs mains, le Gouverneur François de la Tortue leur accorda des lettres de commission pour la chasse, pour la pêche, pour la guerre, sans cependant les assujettir à aucun réglement *i*); et si le Roi sembloit d'abord désapprouver ces commissions, il ne s'en servit pas moins des Flibustiers dans ses guerres contre les Espagnols. Quelquefois ils avoient donc les dehors d'armateurs, étant munis de commissions, mais toujours ils conserverent la férocité des pirates, aussi le plus souvent les Espagnols, s'ils le pouvoient, les traitèrent comme tels, tandisque la France prodigua à leurs chefs des brevêts d'officier. *k*) Leur fameuse expedition dans la mer du Sud depuis 1684 *l*) ne fut pas, il est vrai, autorisée par des commissions, la trève de 20 ans venant d'être conclue avec l'Espagne, mais ceux qui retournerent furent bien accueillis et pris de nouveau au service du Roi; jusqu'à ce qu'enfin, le plus grand nombre étant tué ou dispersé, le reste fut formé en colons 1711. *m*)

On ne sait si on doit être plus scandalisé de la complaisance de la France, ou des cruautés dont cette horde a souillé ses entreprises les plus hardies. Mais telle étoit déja alors la jalousie de commerce, que pour

la

i) CHARLEVOIX T. II. p. 145.

k) CHARLEVOIX T. II. p. 202.

l) OXMELIN *history of the Bucaniers* Vol. II. p. 127.

m) CHARLEVOIX T. II. p. 389.

la satisfaire on vit presque à la même époque la nation la plus civilisée, la plus jalouse de son honneur et de sa dignité, acheter le secours de ces scélérats en Amérique, et s'humilier à l'exemple d'autres nations *n*) devant les majestés Barbaresque en Afrique, au point d'acheter par un tribut honteux la paix de leurs Corsaires, dont les crimes avoient servi à fonder ces états.

§. 9.

Usage general des Armateurs depuis la fin du 17. Siècle.

Si trois siècles plus tôt les Vitaliens avoient vainement donné aux Puissances de l'Europe une leçon sur les dangers de ces expeditions privées, elles ne profiterent pas beaucoup mieux de celle que les Flibustiers sembloient leur répéter, et loin de voir bannir les armemens en course *o*), on peut juger par la multitude

n) On sait, qu'au traité de l'Espagne de 1555 près, les traités des *Puissances* de l'Europe avec l'Empereur de Maroc, avec les Algériens, les Tunetains les Tripolitains ne datent que du 17. Siècle depuis 1619, et que les presens qu'ils sont obligés de faire annuellement, ont assés la nature d'un tribut; ces barbares les extorquent pour peu qu'ils tardent d'arriver; voyés *Neues Deutsche Museum* 1791. St. 1. p. 2.

o) Ce n'est pas que de tems en tems il n'ait été question d'en faire cesser l'usage, mais ces projets ne sortirent point d'effet. C'est ainsi que lorsque la Suède et les Provinces Unies se trouverent en guerre 1675, ces deux Puissances se promirent de ne point se servir d'armateurs et de faire en sorte, que leurs alliés ne s'en servent pas non plus. v. traité de commerce de 1675.

Art.

multitude de loix et d'articles des traités *p*) sur les armateurs, qui s'accumulent depuis les traités de Munster, des Pyrenées, et d'Oliva, que cette époque est celle de

Art. 14. DUMONT *Corps diplom.* T. VII. P. I. p. 316. mais les art. séparés du traité de paix de 1679. *ibid.* p. 432. prouvent assés que cette promesse n'a pas été accomplie. Le Roi de Prusse dans son traité de commerce avec les Etats-Unis de l'Amérique de 1785. a stipulé que dans le cas d'une guerre entre les deux Puissances (qui aura difficilement lieu) on s'abstiendroit de tous armemens particuliers. Cet exemple, digne d'être imité, n'a pas été suivi encore par d'autres états. On peut remarquer cependant comme une singularité que dans la guerre entre la Russie et la Turquie 1767-1774 la Russie ne s'est point servi d'armateurs dans l'Archipel. Aussi n'a-t-elle pas manqué de se prevaloir de cette modération auprès des Puissances neutres; voyés sa déclaration du 12. Juill. 1770. d. m. Recueil T. IV. p. 64.

p) Voyés p. e. Traité entre le *Portugal* et les *Prov. Unies* 1661 art. 20, entre la *France* et le *Danemarc* 1662 art. 34, entre *l'Angl.* et les *Prov. Unies* 1667 art. 20. 21. 25, 16. 74. art. 9. 10, entre *l'Angl.* et la *Savoye* 1669 art. 6, entre la *Suede* et les *Prov. Unies des Pays-Bas* 1679 art. 25. 26. 29. 32; et du commencement du siècle present le traité de commerce entre la *France* et la *Grande Brétagne* 1713 art. 3. 15. 28. 29. 36. 37, entre la *France* et les *Provinces Unies* 1713 art. 2. 13. 24. 29. 36, entre *l'Esp.* et *Autriche* 1725 art. 4. 42. tous dans le Corps diplomatique de Mr. DUMONT. Les traités plus recents seront allegués dans le Chapitre suivant; on en trouve les renvois necessaires dans les tables ajoutées au cinquième volume de mon Recueil des traités, auxquelles je me rapporte généralement pour abbreger les citations multipliées.

de la quelle dàte l'usage le plus étendu, le plus general des Armateurs.   Chaque guerre a vu depuis de
nouvelles ordonnances sur les armemens en course *q*),

ou

q) La pluspart des loix sur les armemens en course, sont
des Ordonnances et des Instructions données au commencement d'une guerre, pour le tems qu'elle durera;
elles se repétent lors d'une guerre suivante, en y
apportant les changemens que l'experience ou les circonstances engagent à faire d'autres sont des loix per-
manentes.   Il importe donc de connoitre ces differentes ordonnances pour observer à quelle époque
ces changemens ont été faits.   Pour abréger les citations qu'il faudra faire dans la suite, j'insérerai ici la
liste des principales loix et ordonnances dont il sera
fait souvent mention, en les accompagnant une fois
pour toutes des renvois necessaires; savoir: *pour la
France:* l'ordonnance pour le fait de l'Amirauté de
1400; les ordonnances de 1543. 1584. 1650, mais surtout l'ordonnance de la marine de 1681 titre des prises L. III. T. 9; depuis: le réglement pour l'établisse-
ment du Conseil des Prises de 1744, l'ordonnance du
28. Mars 1778. la déclaration concernant la course du
24. Juin 1778, l'ordonnance du 15. Juin 1778, le réglement du 8. Nov. 1779.   Toutes ces loix se trouvent
dans le *Code des Prises* imprimé à Paris 1784. T. I. II.
4to.   Les quatre dernieres sont aussi insérées dans mon
Recueil des Traités T. IV. p. 506-528.   *Pour l'Espagne*
la: *Ordonnanza para navegar en Corso* de 1621. dans:
Abreu y Bertodano *collecion de los tratados* T. I.
p. 111. avec les cédules de 1623 et 1624. p. 372. 430.
une autre de 1702; une autre de 1718 dont les principaux articles sont insérés dans le traité des prises du
Chevalier d'Abreu, une autre de 1740 enfin une autre
du 1. Juill. 1779.   La dernière se trouve en Espagnol
et en Allemand dans Hennings *Sammlung von Staats-*

schrif-

on a rencheri sur les encouragemens, on a renforcé
et multiplié les peines, mais les plaintes amères et in-
nombra-

schriften T. II. p. 299. 316. en Hollandois dans *Nieuw
Nederlandsche Jaarboeken* D. XIV. St. II. p. 897. et en
extrait, dans mon *recueil d. traités* T. IV. p. 529. On
trouve aussi un extrait du réglement du 13. Mars 1780
dans Hennings l. c. p. 348. Pour la *Grande Brétagne* les actes du parlement 6 Anna cap. 13. (1707),
13 Geo. II. cap. 3 et 4. (1740) 17 Geo. II. c. 34. (1744)
29 Geo. II. c. 34. (1756) 16 Geo. III. c. 5. (1776) 17
Geo. III. c. 7. (1777) qui confirme la précédente et traite
surtout des navires marchands munis de commission
19 Geo. III. c. 5. (1779) qui étend avec quelques changemens les précédens actes sur la France, 20 Geo. III.
c. 5. (1780) qui les étend contre les Provinces Unies
des Pays - Bas, 20 Geo. III. c. 9. (1780) qui les étend
contre l'Espagne 22 Geo. III. c. 25. (1782). Tous ces
actes se trouvent dans Runnington *statutes at Large*
T. I - XIV. 4to, et les actes cités de 1776. 1777 et 1782,
par extrait dans mon *Recueil* T. IV. p. 296-305. Outre
ces actes du Parlement le Roi est autorisé par ces loix
et même déja en conformité de loix anterieures, (voyés
13 Carl. II. c. 6.) à donner en outre des instructions particulières pour les armateurs, qu'il envoye aux Cours
des amirautés, et qui concernent surtout la conduite à
tenir par les armateurs vis - à - vis des vaisseaux des nations étrangères. On peut voir les instructions générales de 1776. dans Hennings *Sammlung von Staats-
schriften* T. II. p. 19. 27. 44. 59. 62. 63. 104. 105. 117. les
instructions particulières données en 1793 et 1794 dans
mon Recueil de traités etc. T. V. p. 264. La substance
des instructions générales se trouve dans: *Laws of the
admiralty* T. II. p. 340. Pour les *Provinces Unies
des Pays - Bas;* l'ordonnance pour l'Admirauté de
1487, celle de 1540 celle de 1597. les placards du 2. Juin
1689.

nombrables des Hollandois et des Prussiens, les plaintes de presque toutes les nations neutres dans les
guerres

1689. 12. Juin 1690. 28. Juin. et 10. Juill. 1692. le Placard pour la recompense des armateurs du 6. Juin 1702
l'instruction pour les armateurs du 28. Juill. 1705. le
Placard concernant les recompenses, de la même date;
les placards de 1717; l'instruction pour les armateurs
du 11. Dec. 1747 avec la déclaration du 14. Fevr. 1748;
tous dans: *Recueil der Placaaten, Ordonnantien etc. be-
treffende de Convoyen en verdere Zeezaken* à la Haye
1773. T. I - XI. 4to; le Placard et l'instruction pour les
armateurs du 12. et 13. Janv. 1781. dans *Niewe Nederl.
Jaarboeken* 1781. p. 67-86. et par extrait dans mon *Recueil* T. IV. p. 542. le Placard concernant les armateurs
du 22. Fevr. 1793. convenant de mot à mot avec la
precedente instruction, dans: *Niewe Verzameling van Placaaten* T. I. p. 156. pour le *Danemarc* le code des loix
de Chretien V. Liv. IV. Chap. 7. *de classe sociali* et
Chap. 8. *de cognitione caussarum,* l'ordonnance concernant les armateurs du 5. Avril 1710. dans *Forord.
af Frid. IV.* 1710. p. 55. et en Allemand dans WILLEN-
BERG *de eo quod iustum est circa excursiones maritimas* p. 173. ed. de 1726. 8.; et l'ordonnance du 6. Avril
1711. dans *Forord. af Frid. IV.* 1711. p. 23.; pour la
Suède la loi Navale de Charles XI. de 1667. P. VII.
Ammiralskaps Balk, le Règlement pour les armateurs
du $\frac{8}{15}$ Fevr. 1715. en allemand dans WILLENBERG l. c.
p. 193. en Suèdois dans MODEE *Utdrag af publique
Handlingar* T. I. p. 42. le Règlement du 28. Juill. 1741
en Allemand dans: HEMPEL *Staatslexicon* verbo *Com-
misfahrer,* en Suèdois dans MODEE *Utdrag* T. III. p. 1684.
la déclaration de ce règlement du 14. Août 1741. dans
MODEE l. c. T. III. p. 1690. les articles pour la guerre
navale de 1755. *ibid.* T. VI. p. 3696. La Suède a donné
aussi une instruction pour les armateurs en date du

D

1. Juill.

guerres maritimes qui ont précédé les traités d'Aix-la-
Chapelle, de Fontainebleau, de Paris, font voir assés,
qu'on n'a pas fait cesser leurs reclamations; et comment le pourroit on d'ailleurs, tant qu'on ne s'accorde
pas sur les premiers principes qui servent de base
aux instructions, tant pour les armateurs, que pour les
vaisseaux des Souverains.

On peut distinguer deux sortes de ces plaintes
formées au sujet des armateurs; l'une est l'effet des
principes d'après les quels les Puissances belligérantes
dressent leurs instructions, au sujet du commerce des
nations neutres, l'autre se rapporte aux abus dont on
accuse les armateurs et les tribunaux, en n'observant
par les loix prescrites.

La première n'est pas proprement de notre ressort; elle tombe moins à la charge des armateurs, qu'à
celle de l'état; elle touche en general les droits de la
neutralité. Cette belle matière a été amplement traitée
par plusieurs auteurs duement estimés; tel que Hus-
ner, Galliani, Lampredi, et autres; et s'il reste
encore de quoi glaner, ceci demanderoit des recherches trop amples pour les bornes d'un petit écrit. Cependant il sera necessaire d'en toucher plusieurs points,
en parlant dans le chapitre suivant des droits dont
jouissent actuellement les armateurs.

1. Juill. 1788. (v. Kluit *hist. fed. Belg.* P. II. p. 439.)
mais je n'ai pu me la procurer.   Pour la *Russie* le
Règlement de S. M. I. pour les armateurs particuliers
du 51. Dec. 1787. dans mon *Recueil des traités* etc.
T. IV. p. 507.

Chapitre

Chapitre II.
Des droits des armateurs par rapport aux prises en general.

§. 10.
Observation generale.

Aujourdhui toutes les Puissances de l'Europe s'accordent sur ces trois points:

1) que celui qui veut armer en course doit se munir de lettres de marque ou de commission d'une des Puissances belligerantes *a*), faute de quoi il peut être traité et puni comme Pirate, tant par ceux contre les quels il commêt des violences, que même par son propre souverain *b*)

2)

a) Voyés sur *l'Espagne* l'ordonnance de 1621. 1718. 1779. tous art. 1., sur la *France* ordonnance de 1400. ord. de la marine 1681. titre des prises art. 1., sur les *Prov. Unies* l'ordonnance de l'amirauté 1489. art. 1., sur le *Danemarc* l'ordonnance de 1710. 1711. art. 1., sur la *Suède* Ord. de 1715. art. 1. 1741. art. 1., sur la *Grande Brétagne* 9 Edw. IV. 28 Henr. VIII. c. 15. 12. 13 W. III. c. 7.

b) V. Ord. pour l'amirauté des *Pays-Bas* de 1597. V. p. e. les disputes entre le *Danemarc* et la *Suède* au sujet de

l'expe-

2) qu'un armateur légitime a dans la règle le droit de demander que sa prise lui soit adjugée en tant qu'elle est légitimement faite, mais aussi

3) qu'il ne peut la considérer en aucun cas comme sa propriété, que lorsqu'elle lui a été adjugée par le tribunal compétent. *c)*

§. II.
A qui appartient le droit d'accorder des lettres de Marque.

Le droit d'accorder de telles lettres est un droit du souverain, ou de celui auquel il l'a confié en vertu de

l'expedition de Carloff 1658. dans Puffendorff *de rebus Gestis Caroli Gustavi* L. 5. §. 40. etc. Cas singulier en France où les sieurs Gradis de Bordeaux armerent avec permission du Roi les Frégates Royales *l'Opale* et la *Brunne* et prirent 4 navires Anglois, mais sans *s'être munis de commission en guerre*, sur quoi leur prise fut confisquée par jugement du 31. Janv. 1761. Emerigon T. I. p. 574.

c) Voyés sur la *Grande Brétagne* 2 Henr. V. cap. 5. (1414) 16 Anna cap. 13., 13 Geo. II. cap. 4. St. 2. — 19 Geo. III. c. 67. St. 2. sur la Russie Règlement de 1787 art. 8., sur la *France* Ord. de 1400. art. 10. Ord. de la mar. 1681. tit. des prises art. 20. etc., sur *l'Espagne* ord. de 1621; sur les *Prov. Unies* Ord. de 1487. art. 6. Ce principe a été confirmé par nombre de traités p. e. entre les *Prov. Unies* et la *Sicile* 1753. art. 31., entre la *France* et la ville de *Hambourg* 1769. art. 22., entre la *France* et *l'Amérique* 1778. art. 13., entre la *France* et le Duc de *Meclenbourg* 1779. art. 20., entre les *Prov. Unies* et *l'Amérique* 1782. art. 11., entre la *Suède* et *l'Amérique* 1783. art. 13., entre *l'Angleterre* et la *France* 1786. art. 28., entre la *Russie* et la *Sicile* 1787. art. 22., entre la *Russie* et le *Portugal* 1787. art. 27.

de sa charge; on n'attribue pas ce droit à ceux qu'on refuse de traiter comme independans. Il peut resulter de là une difficulté dans les cas de revoltes et de guerres civiles.

C'est ainsi que dans les premières années du soulevement des Pays bas contre l'Espagne, non seulement l'Espagne et d'autres puissances refuserent de reconnoitre la legitimité des lettres de marque données par le Prince d'Orange, avant d'avoir été nommé 1576 Amiral des Provinces, mais que l'Espagne continua encore assés longtems après à traiter les *gueux de mer* comme pirates; on en trouve même encore des vestiges après l'expiration de la trêve de 12 ans *d*), quoiqu'on se fusse promis de faire bonne guerre. De même on revoqua en doute si Jaques II. après avoir été chassé du throne pouvoit donner des lettres de marque en France où il s'étoit retiré. *e*)

Au commencement de la revolte des Colonies Angloises en Amérique la Grande Brétagne traita les revoltés en rebelles; mais peu après elle se vit engagée à accorder à leurs armateurs le traitement d'ennemis legitimer *f*) et à faire bonne guerre avec eux.

Dans la guerre actuelle cette même Puissance fit representer au Danemarc *g*) que les Corsaires François

D 3

ne

d) *Ordonnance pour les armateurs* de 1621. art. 5.

e) VALIN *traité des Prises* p. 22.

f) Comme ou le voit par le contenu de l'acte 16 Geo. III. c. 5. bienque l'article concernant les reprises semble indiquer qu'on ne les traitoit pas comme tels.

g) Note presentée par Mr. HAILES à la Cour de Copenhague au mois de Juill. 1793, et reponses; dans mon *recueil de traités* T. V. p. 238. et suiv.

ne pouvoient être considerés que comme pirates, par le
defaut d'une commission reconnue; cependant elle ne
leur a pas refusé le traitement dû à des armateurs légitimes.   La crainte de la retorsion engage à cette moderation, elle y force les puissances belligerantes, plus
encore que les états neutres.

D'après nos moeurs une puissance simplement
auxiliaire ne devient point l'ennemie de celle, contre
la quelle elle prête son secours determiné. *h*)   Si
elle veut conserver ce caractère elle ne doit donc pas
donner des lettres de marque *i*) contre l'ennemi de
son allié.   Si neanmoins elle le fait, elle se declare
par là ennemie, et il est permis de la traiter en consequence; mais on ne peut douter que ses armateurs
ne soient à considerer comme ennemis légitimes, tandis qu'aujourdhui on ne regarde pas comme essentiel
qu'on aïe annoncé formellement la guerre à l'ennemi
avant d'en venir aux voyes de fait. *k*)

§. 12.

h) V. s. v. p. mon Précis du droit des gens P. II. §. 262.

i) C'est ainsi que dans la guerre qui précéda le traité
d'Aix-la-Chapelle de 1748. les *Provinces Unies* ne don-
nerent des lettres de marque que vers la fin de l'année
1747. V. *Recueil van Zeezaken* D. V. p. 801.

k) La guerre de sept ans offre un exemple singulier d'un
cas où il s'agissoit d'appliquer ces principes. Un navire *Suedois* la *Marie Christine* fut pris 1759. par un
Corsaire *l'Emblen* portant pavillon *Prussien*, qui y
plaça un commendant *Anglois*, le chargeant d'aller à
Berlin pour y faire statuer de cette prise. La *Marie
Christine* fut prise après 51 jour par un Corsaire *François* le *St. Antoine de Padue* et conduite à Marseille.

A

§. 12.

Des lettres de commission pour les navires marchands.

Bien qu'il ne soit pas permis d'armer en course, sans avoir des lettres de marque, il est permis à tout navire marchand d'armer pour se defendre en cas de besoin; cependant alors non seulement il n'a pas le droit d'agir offensivement, mais supposé même qu'en se defendant il fasse une prise sur l'ennemi, il n'a à la rigueur aucun droit d'en demander l'adjudication *l*); elle est dévolue à l'etat, à moins qu'une loi particu-

D 4

lière

A Berlin on condamna le navire absent au profit du capteur; A Marseille, il se presentèrent trois pretendans: 1) le corsaire *François*, alléguant que la prise étoit légitime, la *Suède* étant en guerre avec la *Prusse*, et que la reprise l'étoit aussi; 2) le *Suédois* alléguant que si le Corsaire *l'Embden* étoit *Prussien* la reprise étoit illégitime, vû qu'il n'y avoit point de guerre declarée entre la *Frane* et la *Prusse*, mais que le Corsaire *l'Embden* étoit *Anglois*, et que comme il n'y avoit point de guerre declarée entre *l'Angleterre* et la *Suède*, la prise étoit illégitime 3) le *Prussien* alléguant que la guerre entre la *Prusse* et la *Suède* rendoit la prise du Corsaire *Prussien* légitime, mais que la reprise étoit illégitime vû qu'il n'y avoit point de guerre declarée entre la *Prusse* et la *France*. Le conseil des prises François prononça en faveur du Repreneur François, par sentence de 29. Dec. 1770. qui fut confirmée en appel. Voyés VALIN *traité des prises* p. 91. et suiv.

l) V. *sur la France: arrêt du Conseil* du 25. Janv. 1706. EMERIGON *traité des assurances* Chap. 12. Sect. 37. p. 574. VALIN *traité des prises* p. 24.

lière *m*) ne la lui accorde. C'est pourquoi aujourdhui souvent les navires marchands se font donner des lettres de marque, afin d'en faire usage quand l'occasion se presente *n*) tant pour la defensive que pour l'offensive. En Angleterre *o*) ces lettres se nomment particulièrement lettres de commission *p*); on ne les confondra pas avec celles que le souverain donne à un ou plusieurs de ses vaisseaux de guerre pour croiser; ces derniers sont à juger d'après les principes d'après lesquels

m) V. sur *l'Angleterre* 17 Geo. III. c. 7. St. 1. En *Hollande* on accorde la propriété de ce butin, fait en se defendant, même à des navires marchands qui n'auroient point de lettres de marque. Placard du 6. Juin 1702. art. 7. 1747. art. 6. 1781. art. 6. 1793. art. 6.

n) EMERIGON l. c. p. 573; voyés sur la *Hollande* Placard du 6. Juin 1702. art. 7. Placards de 1747. 1781. 1793. art. 6.

o) 17 Geo. III. c. 7. surtout dans le préambule no. 1. et St. 9.

p) Ces vaisseaux peuvent donc être chargés de marchandises, tandisque proprement l'armateur ne doit point avoir cargaison marchande; cependant on lui permet en Hollande de charger quelques marchandises pour lui servir de lest; voyés Placard du 28. Juill. 1705. art. 8. Ceci semble avoir peu d'inconveniens pour les armateurs, qui malgré l'espece de pavillon militaire, qu'ils sont en droit d'arborer, ne peuvent pas aspirer à cette immunité de visitation de la part des Puissances étrangères, que demandent les vaisseaux du Souverain. On peut se souvenir à cet égard des disputes survenues dans la dernière guerre entre *l'Espagne* et le *Danemarc* au sujet de la Corvette le *St. Jean*, où la *Russie* et les *Provinces Unies des Pays - Bas* furent consultées sur la question: *à quel point le seul pavillon militaire fait le vaisseau de guerre.*

lesquels on juge des vaisseaux de guerre du Souverain en general.

Au reste il depend de la volonté du Souverain à qui de ses sujets il veut accorder des lettres de marque. Il y a quelques personnes aux quelles les loix de tel pays defendent de les solliciter, et même de s'interesser à des armemens en course. *q*)

§. 13.

Si l'on peut donner des lettres de marque à des étrangers.

Rien n'empêche d'accorder des lettres de marque, même aux sujets de Puissances neutres ou alliées qui sont dans le cas de pouvoir les solliciter. *r*) Mais, vû qu'il est contraire à la neutralité de souffrir que des sujets neutres contribuent par là à renforcer l'une des puissances belligerantes et à nuire à l'autre, les états defendent *s*) generalement de prendre des

lettres

q) Comme en *France* les ecclésiastiques, et les commissaires de la marine (v. VALIN *traité des prises* Chap. 1. p. 3.) en *Hollande* tous les officiers de l'Amirauté (ord. de 1487. art. 7.) sont exclûs des armemens.

r) l'Ord. de la *Suède* 1715. art. 1. fait expressement mention des étrangérs.

s) V. p. la *France* l'ord. de 1681. tit. des prises art. 3. pour les *Prov. Unies aes Pays-Bas* Placard du 12. May. 1611. *Groot Placaatboek* T. I. p. 968. p. *l'Espagne* l'ord. de 1779. art. 10. Les Puissances donnent ou renouvellent ordinairement ces defenses dans les guerres où elles veulent rester neutres v. p. e. édit du *Grand Duc de Toscane* du 1. Août 1778. art. 7. d. m. Recueil T. IV.

lettres de marque d'une puissance étrangère sans la
permission de leurs souverains, et nombre de traités
les obligent même, tant à faire cette defense à leurs
sujets *t*), qu'à interdire toute sorte d'armements pour
le compte de l'ennemi dans leurs ports. *u*) Cependant
l'ennemi n'est pas en droit de les punir comme pirates
lorsqu'ils ont des patentes d'une des puissances avec
lesquelles il est en guerre, bien que la confiscation
de leur vaisseau puisse avoir lieu.

§. 14.

p. 209. Edit du *Roi des deux Siciles* du 19. Sept. 1778.
art. 2. ibid. p. 229. Edit du *Pape* du 4. Mars 1779.
art. 1. ibid. p. 255. Ordonn. du Roi de *Suède* du mois
de Mars 1779. ibid. p. 240. et du 25. Avril 1793, ibid.
T. V. p. 255. Placard des *Etats - Gen.* du 5. May 1779.
ibid. T. IV. p. 242. Edit de la rép. de *Gênes* du 1. Juill.
1779. art. 7. ibid. p. 249. Edit de la rép. de *Venise* du
9. Sept. 1779. art. 2. ibid. p. 255.

t) Traités entre la *Grande Brétagne* et le *Danemarc* 1669.
entre la *France* et les *Prov. Unies* 1739. art. 33., entre
la *Suède* et *Tunis* 1736. art. 7., entre la *Porte* et *Naples*
1740. art. 18., entre la *Suède* et *Tripolis* 1741. art. 7.,
entre la *Suède* et la *Sicile* 1742 art. 25., entre le *Danemarc*
et la *Sicile* 1748. art. 32., entre l'*Angl.* et *Tripolis* 1751.
art. 7., entre les *Prov. Unies des Pays - Bas* et l'*Emp.*
de *Maroc* 1752. art. 8. 1777. art. 8., entre les *Provinces
Unies* et le Roi de *Naples* 1753. art. 36., entre la *France*
et l'*Amérique* 1778. art. 21., entre les *Prov. Unies* et
l'*Amérique* 1782. art. 19., entre l'*Espagne* et *Tripolis*
1784. art. 9., entre la *Prusse* et l'*Amérique* 1785, art.
20., entre le *Danemarc* et la rép. de *Gênes* 1789. art. 12.

u) Traité entre le Roi de *Naples* et la *Porte* 1740. art. 18.
entre la *France* et l'*Amérique* 1778. art. 22., entre
l'*Espagne* et la *Porte* 1782. art. 18., entre la *Suède* et
l'*Amérique* 1783. art. 23, entre l'*Espagne* et *Tripolis*
1784. art. 9., entre l'*Angl.* et la *France* 1786. art. 16.

§. 14.

Qu'il n'est pas permis de prendre des commissions de deux Princes.

L'armateur qui obtient des lettres de marque d'une des Puissances belligérantes, s'oblige par là d'epouser son parti *x*), et s'assujettit à ses loix et à sa jurisdiction; il seroit impossible de bien servir à la fois deux princes dans un point, à l'égard duquel leurs interêts sont opposés; il ne peut donc pas être permis à l'armateur de prendre à la fois des commissions des deux puissances belligérantes. Dailleurs ceci frayeroit le chemin au brigandage. C'est pourquoi il est generalement defendu à tout vaisseau de se faire donner des lettres de marque de deux souverains, et si un tel vaisseau n'est que navire marchand, il est sujet à confiscation, s'il est armé en guerre, le Capitaine et les Officiers sont punis comme pirates. *y*) Il paroit

moins

x) On oblige même tous les armateurs de prêter secours aux vaisseaux de guerre de leur Souverain, dans les occasions; mais il est rare d'en voir des effets; il l'est moins sans doute de les voir disparoitre à l'approche d'un danger, qui ne leur offre pas l'amorce d'un butin considerable.

y) V. p. *l'Espagne* ord. de 1621 de 1718. art. 7. de 1779 art. 6. : "ceux qui ont des Patentes de differens Princes ou Etats seront declarés pour bonne prise, et s'ils sont armés en guerre, la Capitaine et les officiers seront traités comme pirates." Pour la *France* v. ord. de la Marine 1681. tit. d. prises art. 5. "tout vaisseau aiant commission de deux differens Princes ou Etats, sera de bonne prise, et s'il est armé en guerre, les Capitaines et Officiers seront punis comme Pirates";

l'ord.

moins dangereux d'accepter à la fois la commission d'un allié de son souverain, mais vu les désordres qui en resultent, surtout par rapport à la jurisdiction, ce cas même semble être compris sous la generalité des termes dans lesquels plusieurs loix defendent de prendre deux commissions à la fois. z) La où il n'y a point de loi à ce sujet, cette dernière question devient plus douteuse. On ne devroit cependant à mon avis tolerer nulle part un abus, qui n'est pas destitué d'inconveniens, tant pour le souverain de l'armateur, que pour les puissances neutres. L'armateur est tenu à suivre les instructions de celui qui lui donne sa commission; c'est dans les ports de celui-ci qu'il doit conduire, s'il le peut, sa prise, pour la faire juger. Comment satisfaire à ces obligations envers deux souverains desquels il auroit pris sa commission. Les vexations des puissances neutres, dont il doit respecter les traités, est augmentée, s'il peut de plusieurs formes choisir celle qui lui est la plus avantageuse, et les plaintes fondées qui en resultent sont à prevoir.

§. 15.

De la caution que doit prêter l'armateur.

Avant d'obtenir les lettres de marque le propriétaire ou les propriétaires du vaisseau doivent s'addresser

l'ord. du *Danemarc* 1710. art. 4. parle seulement des vaisseaux "*welche beydes von uns und den Feinden Com-*,,*mission genommen haben*" pour ce cas elle dicte la même peine qui a lien en *Espagne* et en *France.*

z) Le Chevalier D'ABREU *traité des prises* P. II. Chap. I. §. 7 et 8. semble admettre cette exception. Mr. VALIN *traité des prises* p. 28. la rejette à bon droit.

ßer par écrit *a*) au tribunal d'amirauté ou autre qui
est chargé de les expedier *b*), exposer la qualité du
vaisseau qu'ils ont dessein d'armer, sa cargaison si c'est
un navire marchand, le nom du capitaine qu'ils ont
choisi, le nombre et la qualité des canons, le nombre
des mariniers qu'ils y destinent, et surtout prêter une
caution suffisante par des garants non interessés à la
course, sur l'observation des loix et instructions préscri-
tes aux armateurs par le souverain, et sur l'indemnisation de ceux, qu'une conduite irregulière autoriseroit
à en demander. Cette caution, assés faible garant
pour les puissances neutres, a été introduite plus tard
que l'usage des armateurs. *c*) Elle repose aujourdhui
sur les loix *d*) et les traités *e*) des puissances et états

mariti-

a) 17 Geo. III. c. 7. St. 8.   19 Geo. III. c. 67. St. 10.

b) Ord. du *Danemarc* 1710. 1711 art. 2.

c) Au commencement on se contentoit du simple serment;
    v. p. la *France* ord. de 1400. art. 11. pour les *Pays-Bas*
    Ord. de 1487. art. 2. 3. 1540. art. 2. 3. Je ne trouve
    point d'exemple de caution anterieur à l'année 1584.
    pour la *France*, et à l'année 1597. pour les *Prov. Unies*
    des Pays-Bas.

d) Pour *l'Angleterre* 13 Geo. II. c. 4. St. 2. 17 Geo. II. c. 34.
    St. 2. 29 Geo. II. c. 34. St. 2. 16 Geo. III. c. 5. St. 3. 19 Geo.
    III. c. 67. St. 2. pour la *France* ord. de 1584. n. 31. Ord.
    de la mar. 1681 tit. des prises art. 2. pour *l'Espagne* ord.
    de 1621. art. 1. ord. de 1702. 1748. 1779. art. 1. pour les
    Prov. Unies des Pays-Bas ord. de 1597. art. 5. Placard
    du 1. Avril 1622, du 28. Juill. 1705. art. 5. 1717. art. 40.
    1747. art. 52, 1781. art. 52, pour le *Danemarc* ord. du
    5. Avril 1710. art. 3. pour la *Russie* ord. de 1787. art. 1.

e) Traité entre la *Grande Bretagne* et les *Prov. Unies* 1674.
    entre la *France* et les *Prov. Unies* 1739. art. 16, entre le

Roi

maritimes; la somme n'est pas partout la même, et pas même generalement determinée. *f*)

§. 16.

D'autres points à observer avant son depart.

Lorsqu'après avoir pris les informations necessaires sur ces objets, on ne voit rien qui s'oppose à expedier les lettres de marque ou de commission, on accorde aux armateurs le droit d'engager à leur service les soldats et mariniers necessaires à leur but, en expediant les lettres de marque sur celui ou ceux que les propriétaires ont designé pour commander leurs vaisseaux; on leur permet d'arborer une espèce de pavillon

mili-

Roi de *Naples* et les *Prov. Unies* 1752. art. 30, entre la *France* et la ville de *Hambourg* 1769. art. 36., confirmé 1789, entre la *France* et le duc de *Meclenbourg* 1779. art. 34. entre les *Prov. Unies* et *l'Amérique* 1782. art. 14, entre la *Suède* et *l'Amérique* 1783. art. 16, entre la *Prusse* et *l'Amérique* 1785. art. 15, entre la *Grande Brétagne* et la *France* 1786. art. 31.

f) En *France* cette caution est fixée à 15000 Liv. par l'ord. d. I. mar de 1681. en *Hollande* elle fut fixée 1622. à 10,000 Fl.; en 1625. de 30,000, à 600 Fl. et depuis 1705. à 30,000 Fl.; en *Angleterre* elle est fixée à 1500 L. Sterl. pour des vaisseaux qui portent au dessous de 150 hommes, et à 3,000 L. Sterl. pour ceux qui en ont davantage. WESKETT *digest of the theory of insurances* p. 415. En *Espagne* l'ordonnance de 1779. art. 1. la fixe à 60,000 *réales de Vellon* tout au plus, accordant le droit de moderer d'après les circonstances; en *Dane-marc* l'Ord. 1710. art. 3. la fixe à 600 écus, en *Russie* l'ordonnance de 1787 fixa cette caution à 20,000 Rubles. v. art. 1. Je ne trouve rien de fixé à cet égard dans les loix de la *Suède*.

nilitaire, et en leur prêtant toute sorte de facilités *g*)
pour pouvoir mettre en mer, on oblige les propriétai-
es ou leur agent de produire, avant le depart, leur contrat

g) Comme p. e. *à l'égard du vaisseau*, que quelquefois le
souverain même leur fournit un ou plusieurs de ses
vaisseaux, ainsi que le fit la Reine Elisabeth 1589. en
faveur de DRAKE et de ses associés; *à l'égard de
l'armature:* que l'état leur prête quelque fois des canons sous caution de les restituer, à moins qu'ils ne
soient perdus par les malheurs de la guerre v. p. e. ordonnance de *l'Espagne* de 1779. art. 54. pour les *Prov.
Unies des Pays-Bas* Placard de 1645. G. Pl. B. I. p. 984
à l'égard de *l'équippement*, qu'on les dispense de l'obligation imposée aux autres navires des particuliers de
fournir le 3. ou 5. homme pour l'équippement de la
flotte, voyés p. e. sur la *Hollande* Placard du 30. Juin
1691. *Recueil van Zeezaken* D. II. p. 196. qu'on leur
permet déquipper en partie leurs vaisseaux de mariniers étrangers, lorsque ceci est defendu; c'est ainsi
qu'en Angleterre le Roi est autorisé une fois pour toutes par l'acte du parlement 13 Geo. II. c. 3. de dispenser à cet égard pendant les guerres futures de l'acte de
navigation. On donne en outre pendant la guerre annuellement des actes de parlement au même sujet v. p. e.
17 Geo. III. cap. 54. (1777) 18 Geo. III. c. 6. 19 Geo. III.
c. 14. 20 Geo. III. c. 20. 21 Geo. III. c. 11. 22 Geo. III.
c. 16. (1782). On trouve même des exemples que les
états ont fourni des *subsides* en argent aux armateurs
pour subvenir aux frais de l'armement. C'est ainsi
que la Reine Elisabeth accorda un secours de trente
mille Livres Sterl. au Chev. DRAKE; voyés de THOU
hist. de son tems année 1589. C'est ainsi que les *Provinces Unies des Pays-Bas* fournirent des subsides très
considerables par semestre à leurs armateurs, vers la
fin de leur guerre contre l'Espagne; voyés Placard de
1643 et de 1645. *Groot Placautbœk* T. I. p. 984.

trat avec le capitaine, les instructions qu'ils lui ont données, en assurant par serment qu'il n'y en à point d'autres *h*), et on fait prêter serment au capitaine, aux officiers, aux mariniers, et particuliérement à l'écrivain *i*) qu'ils observeront chacun dans son office les loix, ordonnances et instructions, qui leur sont ou seront données par le souverain. *k*)

§. 17.

A quoi les lettres de marque autorisent l'armateur.

Les lettres de marque autorisent le Capitaine des armateurs et celui qu'ils lui pourroient substituer, d'attaquer, de surprendre, de saisir et d'enlever par son

h) Ordonnance des *Etats-Gén.* 1781. art. 41., ord. du *Danemarc* 1710. art. 3.

i) La charge d'écrivain est importante sur les vaisseaux des armateurs, vû que c'est lui qui dresse le procés verbal des circonstances qui ont lieu lors de la visite et de la prise d'un vaisseau ennemi ou neutre en mer. Il doit être une espèce de controlleur du Capitaine. C'est pourquoi on avoit autrefois sagement réglé en *Hollande* que l'écrivain seroit nommé et soudoyé par les cours d'amirauté, sans le concours des armateurs; Placard de 1705. Mais peu après aiant sans doute rechigné aux fraix, on laissa aux armateurs le soin de le nommer et de le payer, en se contentant de lui faire prêter serment. Pl. du 29. Avril 1709. *Recueil der Placaaten* D. IV. p. 561. Instr. de 1705. 1747. 1781. art. 30.

k) Ord. de la *Hollande* 1645. art. 18. et de 1690, *Recueil der Zeezaken* T. II. p. 172. Instr. de 1702. art. 50. 1747. 1781. art. 54, Ord. du *Danemarc* 1711. art. 10.

son vaisseau toute place ou forteresse, tout vaisseau,
navire, biens etc. appartenant ou occupés par les ennemis du souverain, dans toutes les mers, bayes, ports
ou rivières; c'est là la formule que contiennent les
loix *Angloises l*); j'ignore si les formules sont exactement les mêmes dans tous les pays, mais il est constant
qu'elles se ressemblent pour l'autorité qu'elles accordent de *courre sus à l'ennemi.* Je ne trouve pas que
dans les lettres de marque on fasse expressement mention de la saisie des bâtimens neutres, mais les ordonnances pour les armateurs *m*) et les instructions *n*),
en les obligeant generalement de ne pas nuire aux
amis, contiennent les details sur le droit qu'on leur
accorde de visiter et, en certains cas, de saisir les navires portant pavillon neutre.

§. 18.

En quels lieux il est permis à l'armateur de visiter et de saisir des navires.

Quoique dans la règle il soit permis à l'armateur de visiter et de saisir des navires, tant sous la ju-
risdi-

l) 15 Geo. II. cap. 4. St. 2. 17 Geo. II. cap. 34. St. 3. 29 Geo.
III. cap. 34. St. 3. 16 Geo. III. cap. 5. St. 5. 19 Geo. III.
c. 67. St. 2. Dans les actes du parlement 13 Geo. II. c. 4.
St. 15. et 17 Geo. II. c. 34. St. 16. on trouve un passage
destiné à encourager de grandes sociétés d'armateurs
pour occuper des provinces: mais ce passage n'a pas été
répété depuis.

m) Ord. de *l'Espagne* de 1779 art. 5. Ord. de la *Marine*
1681. t. d. prises art. 13. Ord. du *Danemarc* 1710. art. 4. 5.
1711. art. 3. 4. Réglement de la Russie 1787. art. 3.

n) v. sur *l'Angleterre* le sommaire de ces instructions dans
Laws of the admiralty T. II. p. 340. les instructions particulières pour la guerre actuelle dans mon *Recueil* T. V.
p. 264.

E

risdiction maritime de son souverain, qu'en pleine mer et dans les parties de la mer sujettes à l'ennemi, on regarde cependant comme contraire aux loix de la guerre, que l'armateur fasse ou poursuive des prises sur les rivières appartenantes à l'ennemi, et dans l'enceinte ordinairement marquée par des balises, de sorte que dans ces cas on lui refuse le traitement d'ennemi legitime, et le punit comme pirate. *o*)   Ceci n'est applicable qu'aux seuls armateurs, et non à un ou plusieurs vaisseaux détachés du Souverain.

Mais surtout il lui est severement defendu, tant d'après le droit des gens universel, que d'après les loix et les traités de toutes les Puissances, de commencer ou de continuer des voyes de fait contre un navire quelconque, dans l'enceinte de la jurisdiction maritime d'un état ami, laquelle d'après un principe generalement reconnu, s'étend pour le moins à la distance de la portée d'un Canon placé sur le rivage, et quelquefois même au delà.   C'est pourquoi les états qui restent neutres ont coutume de publier des ordonnances *p*) dans les quelles ils defendent rigoureusement

ment

o) Voyés sur les *Prov. Unies des Pays Bas* Placard de 1695 dans *Recueil van Zeezaken* D. II. p. 285. Placard de 1747. ibid. D. V. p. 972. Placard du 9. Janv. 1781. Hennings *Sammlung* T. II. p. 261. sur la *France* édit du Roi, de Juillet 1691, dans Valin *traité des prises* Pieces justif. p. 21. voyés aussi le traité même chap. 4. Sect. 3. p. 44.

p) Voyés p. e. Déclaration des *Etats-Unis* de *l'Amérique* du 21. Nov. 1777. et 9. May 1778. Réglement du Grand Duc de *Toscane* du 1. Août. 1778. art. 1. 2. 3. Edit de la Rép. de *Gênes* du 1. Juill. 1779. art. 1. de la rép. de *Venise* de 1779. art. 9. 10. Edit du *Pape* 1779.

ment ces sortes d'hostilités; d'ailleurs dans une multitude de traités *q*) on s'est promis de ne point commettre et de ne point souffrir que de telles hostilités se commettent ou s'achevent dans l'enceinte de la jurisdiction maritime des Puissances contractantes.

Et pour que cette neutralité soit d'autant moins violée, en cas que deux vaisseaux, ennemis l'un de l'autre, se trouveroient en même tems sur la râde ou dans le port neutre, l'un ne doit mettre à la voile que 24 heures après que l'autre aura levé l'ancre, à moins de prêter une caution suffisante qu'il ne commettra point d'hostilités. *r*) Cette norme se trouve même

E 2   dans

q) Traité entre la *France* et les *Prov. Unies* 1759. art. 36, entre la *Sicile* et la *Porte* 1740. art. 16, entre la *France* et la *Porte* 1604 - 1740. art. 81, entre la *France* et le *Danemarc* 1742. art. 33, entre la *Suède* et *Tripolis* 1741. art. 7, entre la *Suède* et la *Sicile* 1742. art. 29, entre le *Danemarc* et la *Sicile* 1742. art. 33, entre les *Provinces Unies* et *Maroc* 1752. art. 9., entre les *Prov. Unies* et la *Sicile* 1753. art. 16, entre la *France* et l'*Amérique* 1778. art. 6, entre *Maroc* et *Toscane* 1778. art. 7, entre la *Porte* et l'*Espagne* 1782. art. 16, entre les *Prov. Unies* et l'*Amérique* 1782. art. 5, entre la *Suède* et l'*Amérique* 1783. art. sep, 1, entre l'*Espagne* et *Tripolis* 1784. art. 6. 14, entre la *Prusse* et l'*Amérique* 1785. art. 7, entre l'*Espagne* et *Algèr* 1786. art. 4, entre la *Grande Brétagne* et la *France* 1786. art. 41, entre la *France* et la *Russie* 1787. art. 28, entre l'*Amérique* et *Maroc* 1787. art. 10, entre la *Porte* et la *Russie* 1787. art. 24, entre l'*Angl.* et *Tunis* 1762. art. 3. 4, entre le *Danemarc* et *Gênes* 1789. art. 13.

r) Voyés les réglemens de neutralité cités dans la nôte precedente, surtout celui de *Toscane* art. 4. 5. de *Gênes* art. 2. 3. 4. de *Venise* art. 11. 12. 13. 14. Edit du *Pape* 1779 introduction.

dans quelques traités, surtout avec les Africains *s*),
avec lesquels le nombre des heures est différement fixé.

Lors donc qu'un armateur s'aviseroit de faire une
prise dans de telles parties des mers ou des rivières,
quelque légitime qu'elle pourroit être par elle même,
il ne sauroit l'acquerir, mais non seulement l'état dont
il a violé les droits territoriaux peut le forcer à rela-
cher la prise, et à l'indemniser, et le juger et punir
en outre de sa violation du droit des gens, mais même,
supposé qu'il lui échappe, le souverain de l'armateur
doit, si la prise appartient à un sujet neutre, la faire
restituer à celui-ci avec tous les fraix et dommages
causés; si elle appartient à l'ennemi, elle doit être restituée à la reclamation *t*) de la puissance neutre; faute
de quoi elle est confisquée pour le profit de l'état, la
prise étant nulle pour le capteur. *u*)

§. 19.

S'il rencontre un pavillon ennemi.

Lorsque l'armateur rencontre dans un lieu où il
lui est permis d'exercer des hostilités un vaisseau de
guerre

s) Traité entre la *Sicile* et la *Porte* 1740. art. 18. Le traité
entre la *Suède* et *Tripolis* 1741. art. 7, fixe le terme de
2 jours, celui entre *l'Angl.* et *Maroc* 1750 art. 15,
et de 1761 art. 22. fixe 40 heures, de même que celui
entre les *Prov. Unies des Pays-Bas* et *Maroc* 1752 art.
10; le traité entre *l'Espagne* et *Tripolis* 1784. art. 15.
fixe 48 heures, celui entre *l'Amérique* et *Maroc* 1787.
art. 11. fixe 24 heures.

t) Voyés des exemples de telles reclamations de la part
de la Hollande dans *Recueil van Zeezaken* D. VIII. p. 726.
D. IX. p. 6.

u) D'Abreu Chap. 3. p. 71. Valin *traité des prises* p. 45.

guerre ou navire portant pavillon ennemi, nul doute qu'il ne puisse le sommer de se rendre, ou en cas de fuite, ou de resistance, engager un combat avec lui, et après l'avoir vaincu, l'amener pour se le faire adjuger comme bonne prise. x)   On doit excepter cependant le cas où le navire rencontré est muni de lettres de saufconduit du Souverain de l'armateur y), comme il arrive surtout à l'égard des navires qui se sont trouvés dans ses ports lors de la déclaration de guerre.   Depuis on a quelquefois excepté reciproquement les navires et barques de pêcheurs. z)

§. 20.

S'il rencontre un pavillon neutre 1) *convoyé.*

S'il rencontre un ou plusieurs navires marchands portant pavillon ami, il ne doit d'abord s'en approcher que jusqu'à la portée du canon *a*) et en tirant un coup

E. 3

sans

x) Ord. de *l'Espagne* 1779. art. 1.   Ord. de la marine 1681. tit. des prises art. 4.   Ord. du *Danemarc* 1710. art. 4. N. 5.

y) VALIN *traité des prises* p. 43.

z) V. p. e. la lettre du Roi de *France* à l'Amiral du 5. Juin 1779. dans HENNINGS T. II. p. 18. 181. et la résolution des Etats-Generaux du 5. Avril 1793. *Nouv. extraord.* 1793. n. 31. suppl.

a) Dans nombre de traités il est dit qu'il restera *hors de la portée* du canon, dans d'autres qu'il restera *à la portée* du canon.   Le traité entre la *Russie* et la *France* 1787. art. 31. permet d'approcher jusqu'à *la demie portée* du Canon.   J'ignore le motif de cette exception d'une règle que la *Russie* ainsi que la *France* ont suivie dans d'autres traités.

sans bâle, qu'on appelle la *semonce* sommer le navire
d'amener et, s'il le peut, de jetter l'ancre. D'après
les traités et l'usage le navire marchand est obligé de
ceder à cette sommation et de subir en cas de besoin
la visite, de sorte que, s'il tente à fuir, il est permis
de lacher une bordée contre lui pour le ramener à la
raison, et s'il s'avise de faire defense en tirant sur l'armateur, ceci seul suffit pour le faire condamner comme
bonne prise *b*), supposé même qu'il puisse ensuite
prouver la neutralité du navire et de la cargaison.
Quant à la visitation même il y a aujourdhui une difference à faire entre les navires marchands naviguant
sous un Convoy et ceux qui naviguent seuls. Quant
aux premiers, d'après un usage qui semble ne s'être
formé que depuis les deux dernières guerres de l'Amérique, et qu'on trouve établi par les conventions *c*)
et les ordonnances *d*) les plus recentes, l'armateur peut
tout au plus envoier quelques uns de ses gens sur le
vaisseau de Convoy pour y examiner les papiers qui

consta-

b) Ord. de *l'Espagne* 1718. art. 13. 1779. art. 6. p. l. *France*
Ord. de 1584. n. 65. Ord. de la mar. 1681 tit. des prises art. 12. Ord. de la *Suède* 1715. art. 4. 5.   Traité
entre la *France* et la ville de *Hambourg* 1769. art. 20.
confirmé 1789; entre la *France* et le Duc de *Meclembourg* 1779. art. 18.

c) Traité entre les *Próv. Unies et l'Amérique* 1782. art. 10,
entre la *Russie* et le *Danemarc* 1782. art. 18. entre
l'Autriche et la *Russie* 1785. art. 13. de l'edit de *l'Autriche* et 15 de celui de *Russie*, Traité entre la *France*
et la *Russie* 1787. art. 31, entre la *Russie* et la *Sicile*
1787. art. 20, entre la *Russie* et le *Portugal* 1787. art. 23.

d) Ord. des *Etats-Gen. des Pays-Bas* 1781. art. 6.   Réglement de la *Russie* 1787. art. 15..

constatent la neutralité du Convoy et des vaisseaux convoyés (et leur cargaison, là où on suit le principe que le navire ne couvre pas la cargaison.) Si ces papiers en font preuve suffisante, toute visitation ulterieure des vaisseaux doit cesser, lorsque l'officier qui commande le convoi donne sa parole d'honneur qu'il n'y a point de marchandises confiscables sur ces vaisseaux. *e*) Quelques traités *f*) portent même que la simple declaration verbale de l'officier qui commande le convoy, suffira, sans qu'on puisse lui demander les lettres de mer.

§. 21.

2) *Si le navire est seul. Visitation.*

Si le navire rencontré navigue seul, l'armateur est autorisé à le visiter *g*), à cette fin il doit lui envoïer

e) Les Etats-Gen. approuverent la conduite du Capitaine Dedel qui s'opposa à main armée à la visitation des vaisseaux qu'il convoyoit, tentée par une Fregatte Angloise, en se rapportant à l'usage. V. Plaçard du 20. Sept. 1762. *Recueil van Zeezaken* D. IX. p. 207.

f) Les traités entre les *Prov. Unies* et l'*Amérique*, et entre la *Russie* et le *Danemarc* qu'on vient de citer.

g) La manière de la quelle la visite doit se faire, se trouve presque uniformement réglée par les loix et par les traités des puissances maritimes. Quant aux loix on peut voir sur la *France* l'ordonnance de 1778, sur l'*Espagne* l'ord. de 1779. art. 6. sur les *Prov. Unies des Pays-Bas* ord. de 1781. art. 6. sur le *Danemarc* l'ord. de 1710. art. 6, sur la *Suède* l'ord. de 1715. art. 2. de 1741. art. 2, sur sur la *Russie* l'ord. de 1787. art. 4. Quant aux traités on peut noter les suivans: traité entre la *France* et

les

voïer *h*) une chaloupe aves quelques hommes, dont le
nombre est fixé dans la pluspart des traités à deux ou
trois

les *Prov. Unies* 1739. art. 21, entre la *Sicile* et la *Porte*
1740. art. 10, entre la *France* et le *Danemarc* 1742. art.
22, entre la *Sicile* et la *Suède* 1742. art. 24, entre le
Danemarc et la *Sicile* 1748. art. 25, entre les *Provinces
Unies* et la *Sicile* 1753. art. 26, entre la *Russie* et *l'Angleterre* 1766. art. 10, entre la *France* et la ville de
Hambourg 1769. art. 33. confirmé 1789, entre la *France*
et *l'Amérique* 1778. art. 27, entre la *France* et le Duc
de *Meclembourg* 1779. art. 31, entre *l'Espagne* et la
Porte 1782. art. 11, entre les *Prov. Unies* et *l'Amérique*
1782. art. 10. 26, entre la *Russie* et le *Danemarc* 1782.
art. 18, entre la *Suède* et *l'Amérique* 1785. art. 25, entre
la *Prusse* et *l'Amérique* 1785. art. 15, entre *l'Autriche* et la
Russie 1785 edit de la *Russie* art. 15, de *l'Autriche* art. 13.
entre *l'Angleterre* et la *France* 1786. art. 26, entre la
France et la *Russie* 1787. art. 31, entre la *Russie* et la
Sicile 1787. art. 20, entre la *Russie* et le *Portugal* 1787.
art. 25, entre le *Danemarc* et la rép. de *Gènes* 1789.
art. 11, et quant aux traités avec les Africains v. traité
entre la *Suède* et *Tunis* 1736. art. 4, entre la *Suède* et
Alger 1729. art. 4, entre la *Suède* et *Tripolis* 1741.
art. 4, entre la *Grande Brétagne* et *Tripolis* 1751. art. 4,
entre la *Grande Brétagne* et *Maroc* 1761. art. 4, entre
les *Prov. Unies* et *Maroc* 1752. art. 5, entre *l'Espagne*
et *Tripolis* 1784. art. 4, entre *l'Espagne* et *Alger* 1786.
art. 2, entre *l'Amérique* et *Maroc* 1787. art. 5.

h) L'ordonnance de *l'Espagne* de 1779. art. 6. laisse le
choix à l'armateur ou d'envoyer à bord du vaisseau
qu'il rencontre, ou de faire venir le Capitaine de ce
vaisseau avec les papiers sur le vaisseau de l'armateur. La même disposition se trouve dans l'ord. de
la *Suède* de 1715. art. 2. et de 1741. art. 2.

trois *i*), lesquels après avoir abordé, se font montrer par le Capitaine les papiers *k*) qui constatent:

1) le lieu d'où vient le vaisseau et le port pour lequel il est destiné, à quoi sert surtout le passeport dont chaque capitaine doit se munir avant son départ.

2) La neutralité du navire, du capitaine et de la majeure partie de l'équipage; au premier point servent les certificats du magistrat du lieu d'où le vaisseau a mis en mer, sur la neutralité du navire et du capitaine, s'il est de construction neutre, et les contrats de vente passés devant juge, s'il est de construction ennemie; la neutralité de l'équipage se prouve par le rôle d'équipage.

3) La qualité de la cargaison de ce que a) il n'y a point de marchandises de contrebande *l*) et b) en

tant

i) Quelques traités le fixent positivement à trois, l'ord. de la *Russie* de 1787. art. 4. le fixe à un; les rameurs n'y sont jamais compris.

k) Sur la manière dont ces papiers doivent être arrangés on peut surtout consulter l'ordonnance de la ville de *Hambourg* de 1778. d. mon Recueil T. IV. p. 216; elle ne laisse rien à desirer de ce que les puissances belligérantes pourroient, avec équité, demander des états neutres.

l) Cette question devroit toujours être jugée d'après les traités conclus avec le Souverain du navire qu'on rencontre, et c'est pourquoi tous les armateurs doivent être pourvus des extraits des traités subsistans avec les états neutres. Mais depuis que les Puissances belligérantes se permettent d'étendre à loisir le catalogue des marchandises de contrebande, par leurs déclarations données dans le cours d'une guerre, cette précaution devient

E 5

assés

tant qu'on ne suit pas le principe que le navire couvre la cargaison, que la cargaison n'est pas la propriété de l'ennemi. C'est à quoi servent les charte-parties, les connoissemens, et les attestations du magistrat du lieu d'où le navire est parti, du serment prêté à cet égard par le capitaine et par les fretteurs.

Lorsque toutes ces pièces *m)* sont en règle, et qu'il n'y a point de soupçon de faux, les officiers de l'armateur

assés souvent illusoire, quand les instructions se trouvent en contradiction avec les traités, et leurs sont préférées.

m) Il est impossible de fixer le nombre de ces pièces, et il seroit injuste d'en demander plus qu'il ne faut pour faire foi que le navire, et la cargaison ne sont pas sujets à confiscation. Ceci dépend des circonstances. Les preuves de la neutralité du navire doivent, il est vrai, être sans reproche, mais le seul passeport *peut* suffire pour la constater; dès qu'alors il conste que le navire est destiné pour un port ami, et qu'on suit le principe: que le navire couvre la cargaison, toutes les recherches à l'égard de cette cargaison devroient cesser. S'agit-il de faire preuve de la destination du navire et de la qualité de sa cargaison, la charte partie, les connoissemens, les factures peuvent fournir ces preuves; mais l'opinion du Chev. D'Abreu, que toutes ces pièces doivent se trouver ensemble est absolument insoutenable, comme l'a fort bien observé Mr. Valin. Ou l'une ou l'autre de ces pièces peut suffire, et il saute aux yeux que souvent on n'est pas en état de produire une charte partie quand le navire n'est pas affretté en blocq. De plus, on ne peut demander au capitaine ces pièces dont il n'est pas d'usage de se pourvoir en tems de paix.

mateur sont obligés de se retirer, sans proceder à aucune visitation ulterieure, et doivent laisser le navire
continuer paisiblement sa route, en lui prêtant même
toute sorte d'assistance, dont il pourroit avoir besoin.

§. 22.

Des cas où il est permis de saisir le navire.

Mais il n'en est pas de même si, comme il n'arrive que trop souvent, l'armateur, à force d'examiner *n*)
trouve ces preuves insuffisantes, soit en tout, soit en
partie. C'est ce qui peut avoir lieu sous une multitude de pretextes, dont les suivans sont autorisés par
les loix et par le sens des traités:

1)

si lors du depart du navire il ignoroit la déclaration
de guerre. Voyés memoire pour D. Stevenson capitaine
du navire Danois *l'Enighed* pris par deux vaisseaux du
Roi de France 1778. dans Hennings *Sammlung d. Staats-
schriften* T. II. p. 147.

n) Une malheureuse experience ne fait que trop voir jusqu'à quel point souvent ces examens approchent de la
chicane; de l'autre côté, pour juger impartialement de
la conduite des armateurs et de celle des Puissances belligérantes, on doit se souvenir aussi, à combien de frau-
des les sujets de certaines Puissances neutres ont eu recours pendant les dernières guerres maritimes, pour
tromper la vigilance des armateurs. Que des sujets de
certains états neutres faisoient metier de *couvrir la pro-
priete* des navires et de la cargaison ennemies moyennant des contrats de vente simulés en se faisant payer
leurs faux sermens de quelques pour Cents. Peut'on
demander raisonnablement aux Puissances belligérantes
qu'elles soient la dupe de ces fourberies — malheureu-
sement l'innocent souffre pour le coupable.

1) si le navire ou vaisseau de guerre a de doubles lettres de mer, les unes de puissances amies, les autres de l'ennemi, ou s'il engage le combat sous un autre pavillon que celui du souverain dont il tient sa commission. *o*) Dans ce cas il est permis d'amener la prise pour la faire adjuger à l'armateur. *p*) Il le peut de même

2) si le navire se trouve dépourvu de lettres de mer, surtout s'il les a jetté en mer lors de l'approche de l'armateur *q*) ou si l'armateur est dépourvu de lettres de marque; et

3) si les lettres de mer font voir que le vaisseau est ennemi, ou qu'il est chargé en tout ou en partie de marchandises de contrebande, ou bien là où on a égard à la propriété de la cargaison, que les marchandises sont en tout ou en partie la propriété de l'ennemi, et que le Capitaine ne veut pas lui abandonner les marchandises sujettes à confiscation, ou qu'il

o) Ordonnance de *l'Espagne* 1779. art. 8. Ord. du *Danemarc* 1710. art. 1. Ord. de la *Suède* 1741. art. 12. 17.

p) Valin *traité des prises* Chap. 5. Sect. 5. p. 52.

q) Ordonnance de *l'Espagne* 1779. art. 16. de 1780. art. 8. Ord. de la *France* de 1543. art. 43. Ord. de la mar. 1681. t. d. P. art. 6. Règlement de la *France* du 26. Juill. 1778. lettre du 13. Nov. 1779. Ord. de la *Suède* 1715. art. 16. Traité entre la *France* et la ville de *Hambourg* 1769. art. 18. 19. 20. confirmé 1789, entre la *France* et le Duc de *Meclembourg* 1779. art. 16. 17, entre la *Russie* et le *Danemarc* 1782. art. 18, entre la *France* et la *Russie* 1787. art. 31, entre la *Russie* et la *Sicile* 1787. art. 20 etc. — Voyés aussi les actes du procès du navire Danois *l'Enighed* pris par les François 1778. Henninos *Sammlung* etc. T. II. p. 166.

qu'il ne peut les recevoir; et de même si les lettres de mer font voir que le vaisseau est destiné pour une place dont le capitaine devoit savoir que tout commerce avec elle est defendu. Enfin lorsque

4) malgré la teneur des lettres de mer il y a des doutes *fondés* contre leur authenticité, ou leur sincerité, surtout si les lettres de mer ne sont pas signées, ou si le vaisseau suit une route differente de celle qu'elles indiquent, sans pouvoir en alléguer une raison justificative; c'est alors qu'on ne peut refuser à l'armateur ou de conduire avec soi la prise, ou de se faire ouvrir par le capitaine ou les gens du navire les caisses, tonneaux etc. qu'il soupçonne renfermer des marchandises sujettes à confiscation, et dans le cas où il en trouve, de conduire avec soi la prise. Cependant ainsi qu'en general il est defendu aux armateurs d'user de violences sur les vaisseaux qui se soumettent à la visite, ainsi il leur est très rigoureusement enjoint *r)*

que

r) Ordonnance de *l'Espagne* 1621. 1779. art. 6. 29. Ord. de la *France* 1400. art. 7. Ord. de la marine 1681. art. 18. 20. Ord. du *Danemarc* 1710. art. 7. 9. 10. Ord. de la *Suède* 1715. art. 5. 1741. art. 5. Placard des *Etats-Gen.* du 1. Dec. 1640. 10. Juill. 1692. etc. Placard de 1781. art. 12. 56. 57. pour *l'Angleterre* 6 Anna c. 13. St. 10. 13 Geo. II. cap. 4. St. 9. — 19 Geo. III. c. 67. St. 30. Ces loix sont même fondées sur les traités v. Traité entre la *France* et les *Prov. Unies* 1739. art. 27, entre la *France* et le *Danemarc* 1742. art. 23-25, entre le *Danemarc* et la *Sicile* 1748. art. 23, entre la *Sicile* et les *Prov. Unies* 1753. art. 31, entre la France et la ville de *Hambourg* 1769. art. 21. 24, confirmé 1789, entre la *France* et

l'Amé-

que lors même qu'après avoir exigé du Capitaine les
lettres de mer ils jugent qu'il y a lieu à confiscation
quelconque, ils ne s'avisent point de rompre *s*) les
écoutilles, les mâles, ballots etc., d'enlever quelque
chose du navire, ou de commettre d'autres dégâts sous
peine de perdre leur part au butin, de faire restitution du triple ou quadruple, de perdre leur place,
leurs lettres de marque etc. *t*) et de même qu'ils
empechent leurs gens de piller et de commettre des
desordres, sous peine d'en être responsables. *u*)

Ils

l'Amérique 1778. art. 13. 15, entre la *France* et le Duc
de *Meclembourg* 1779. art. 19. 53, entre les *Prov. Unies*
et *l'Amérique* 1782. art. 11, entre la *Russie* et le *Dane-*
marc 1782. art. 19. 20, entre la *Suède* et *l'Amérique* 1783.
art. 13, entre *l'Autriche* et la *Russie* édit de *l'Autriche*
art. 14. 15, édit de la *Russie* art. 16. 17, entre la *France*
et la *Grande Brétagne* 1786. art. 28. 30. 42, entre la
France et la *Russie* 1787, art. 31. entre la *Russie* et la
Sicile 1787. art. 21. 22, entre la *Russie* et le *Portugal*
1787. art. 26. 27. entre le *Danemarc* et la *Rép.* de *Gènes*
1789. art. 11. etc.

s) Cependant quelques loix leur permettent de se faire
ouvrir, ou d'ouvrir les écoutilles, les caisses etc. pour
se persuader si leur soupçon de contrebande est fondé
v. p. e. Ord. de la *Russie* 1787. art. 6.   Et en général
les Armateurs usent de ce droit, en faisant une distinction assés souvent illusoire.

t) Les peines ne sont pas exactement les mêmes dans toutes les loix et dans tous les traités, mais elles se ressemblent infiniment, et sont à peu près d'une même
efficacité.

u) C'est une des raisons pour lesquelles les soldats et
mariniers des vaisseaux des armateurs sont assujettis

aux

Ils doivent bien au contraire après avoir, en presence du capitaine de la prise, fait dresser par l'ecrivain un procès verbal des circonstances de la prise, en faire un inventaire sommaire, se saisir des clefs, fermer les écoutilles, et surtout mettre le sçeau à toutes les lettres de mer de la prise, en presence du Capitaine, en lui en donnant un reçu; et s'ils se voient engagés à transporter une partie de la cargaison sur le vaisseau armateur, ce qui ne doit avoir lieu qu'en cas de necessité, ils doivent le faire en presence de l'ecrivain et du capitaine qui en obtiendra un reçu. x)

§. 23.

aux mêmes loix martiales que ceux qui servent sur les flottes. Aussi l'armateur est il en droit de les punir ou, dans les cas de delits capitaux, de les faire lier et garrotter pour les delivrer en suite à la flotte ou aux tribunaux; v. sur les *Prov. Unies* les Instructions de 1705. art. 44. de 1747. 1781. art. 43, sur la *Suède* ord. de 1715. 1741. art. 5, sur la *Grande Bretagne* 19 Geo. III. cap. 67. St. 14. 15. En *Espagne* l'ord. de 1621. art. 11. leur accordoit même une jurisdiction criminelle en forme en première instance.

x) La plûpart de ces points se trouvent uniformement réglés dans Ordonnance de *l'Espagne* 1779. art. 25. 26. Ordonn. de la *France* 1543. art. 43. Ord. de la marine 1681. art. 16. 19. 20. ord. de la *France* du 24. Juin 1778. Instructions des *Etats-Generaux* 1706. art. 32. 42. 1747. 1781. art. 31. 40. Mais en vain se flatteroit on que tous ces points soient observés avec exactitude. On tolère même encore, qu'en cas d'une prise ennemie, les officiers et matelôts de l'armateur puissent se saisir des habits et des outils des officiers de leur grade et des matelôts de la prise, ce qui expose quelque fois ces derniers à rester à moitié nuds. Voyés VALIN *traité des prises* p. 166.

§. 23.

De la rançon des biens ennemis.

Si c'est dans un combat contre un navire, ou vaisseau portant pavillon ennemi, que l'armateur a fait une prise, il peut faire prisonniers de guerre ceux, qui d'après les loix de la guerre sont sujets à l'être, mais il doit les traiter avec humanité. y) Quoiqu'il puisse prevoir que la prise lui sera adjugée, il ne lui est point permis d'en disposer comme de sa propriété, mais, bien qu'elle soit *évidemment ennemie* z), il doit attendre qu'elle soit condamnée comme bonne prise par le juge competent. Il peut et doit à cette fin la conduire dans un des ports de son souverain, en s'abstenant de toute sorte de concussions. Vers la fin du 17. siècle *a*) on vit s'introduire l'usage que le vaisseau ennemi

y) Ordonnance de *l'Espagne* 1779. art. 50. 51. Placard des *Etats-Gen.* de 1645. art. 17. *Groot Placaatboek* B. I. p. 954. Ord. de la *Russie* 1787. art. 7. Ord. de la *France* 1779. d. mon *Recueil* T. IV. p. 526. Traité entre la *France* et le Duc de *Meclembourg* 1779. art. 27, entre *l'Espagne* et *Tripolis* 1734. art. 7. 8, entre *l'Espagne* et *Alger* 1786. art. 5, entre *l'Angleterre* et *Maroc* 1761. art. 15.

z) Placard des *Etats-Generaux* 1702. art. 4. 1747. 1781. 1793. art. 5. Là même ou il n'y a point de loix expresses à cet égard, cette régle est renfermée sous la généralité des expressions qui obligent l'armateur d'attendre le jugement de sa prise. Ceci se pratique aussi pour les vaisseaux de guerre détachés du souverain, en cas de prises sur l'ennemi.

a) Mr. VALIN *traité des prises* p. 156. observe que l'ord. de la marine de 1681. est la première loi Française qui parle

ennemi pris pouvoit se rançonner; le capitaine four-
nissoit à l'armateur un billet de rançon à la charge des
propriétaires, et donnoit un ou plusieurs de ses officiers pour ôtages. Mais vû les collusions qui peuvent
resulter de là, et que surtout par ces rançons d'un côté
l'armateur, dispense du soin d'emmener sa prise, peut
continuer sa course et multiplier le nombre de ses
prises, de l'autre, en cas d'un vaisseau de guerre pris,
le souverain de l'armateur perd l'avantage d'affaiblir
l'ennemi, plusieurs Puissances maritimes *b*) ont defendu
d'offrir, et d'accepter de telles rançons en les decla-
rant nulles.

§. 24.
Du droit d'abandonner.

Si le vaisseau pris ne portoit point pavillon
ennemi, mais que, soit par rapport à sa conduite tenue
envers

parle des rançons, je ne trouve aussi pas qu'il en soit
question dans les loix d'autres Puissances anterieures au
17. siècle; cependant le *Consolato del mare* renferme plusieurs dispositions qui prouvent qu'alors cette rançon
étoit déja pratiquée; il semble donc que cet usage s'est
perdu depuis que les armemens privés furent plus re-
streints, et qu'il s'est rétabli dans la suite.

b) Voyés sur la *Gr. Brétagne* l'acte du parlement 19 Geo.
III. cap. 7. St. 11. (1779) 22 Geo. III. cap. 25. St. 1-3.
(1782) sur les *Prov. Unies* Placard du 2. Juin 1689,
12. Janv. 1690, 28. Juin 1692 sur la *Russie* ord. de 1787
art. 27. L'ord. de *l'Espagne* 1779. art. 44. permet à
ses armateurs d'accepter cette rançon, s'ils se trouvent
déja chargés de 3 prises, elle la defend en d'autres
cas en pleine mer; en *France* les rançons tolérées par
l'ord. de la marine tit. des prises art. 19. et depuis
restreintes pas plusieurs loix, ont été absolument defendues par l'ordonnance du 30. Août 1782.

F

envers l'armateur, soit par rapport au défaut de preuves nécessaires, l'armateur croit avoir des droits sur
lui, on doit distinguer les cas où l'armateur ne forme
de prétensions que sur une partie de la cargaison qu'il
juge être confiscable, de ceux où il croit toute la cargaison, ou tout le navire, ou l'un et l'autre sujet à condamnation.

Dans le premier cas, le navire rencontré peut
se libérer en cedant à l'armateur cette partie qu'il juge
confiscable, moyennant un reçu que celui ci doit en
donner *c*), et l'armateur est obligé d'accepter cette
cession et de lâcher sa prise, à moins de supposer ou

1) que son vaisseau ne puisse contenir ces marchandises, ou

2) que la contrebande soit telle, qu'elle emporte la confiscation du navire, ce qui est plus rare aujourdhui *d*),

vû

c) Il semble que même dans ce cas l'armateur non seulement doit attendre la sentence du juge competant
avant de disposer en propriétaire de ces marchandises,
mais que si cette sentence déclare ces marchandises pour
libres, elles devroient être restituées aux propriétaires;
la cession faite par le capitaine n'étoit que conditio-
nelle, elle n'avoit pas la nature d'une rançon. Mais si
les loix n'ont pas touché ce point, et si je ne trouve
dumoins aucune sentence de restitution, c'est que le
capitaine de la prise abandonnera difficilement ces marchandises, s'il n'est convaincu qu'elles sont sujettes à
confiscation, et dans ce cas la sentence est à prevoir.

d) L'ord. de la *France* de 1543. et l'ord. de la *Suède* de
1715. art. 22. portoit: que dès qu'une partie quelconque
de la cargaison seroit confiscable tout le reste le seroit
aussi. Cette horrible jurisprudence a été bannie de
plus en plus, quoiqu'elle ne soit pas encore entièrement

exter-

vû que presque tous les traités *e*) ont établi le principe, que la saine raison et le droit des gens universel prescrivent, que la confiscation de la contrebande, surtout lorsqu'elle ne fait qu'une partie de la cargaison *f*), ne pourra pas entrainer la confiscation du navire, et qu'il sera permis de l'abandonner. *g*)

Dans

exterminée vis-à-vis de Puissances avec les quelles on n'a point de traités, et qu'il y aie toujours encore des auteurs qui la justifient p. e. VALIN *dans son traité des prises.* BOUCHAUD *dans sa theorie des traités de commerce* etc. L'on trouve même des exemples de traités dans les quels certains genres de marchandises de contrebande sont declarées emporter la confiscation du navire entier; p. e. traité entre la *France* et les *Prov. Unies* 1643, entre la *France* et la *Grande Brétagne* 1655.

e) Traité entre la *France* et les *Prov. Unies* 1739. art. 22, entre la *France* et le *Danemarc* 1742. art. 24, entre la *France* et la ville de *Hambourg* 1769. art. 17. confirmé 1789. entre la *France* et l'*Amérique* 1778. art. 13, entre la *France* et le Duc de *Mecklembourg* 1779. art. 15. 21, entre la *France* et la *Grande Brétagne* 1786. art. 20. 28, entre la *Sicile* et la *Suède* 1742. art. 25, entre la *Sicile* et les *Prov. Unies* 1753. art. 27, entre les *Prov. Unies* et l'*Amérique* 1782. art. 11, entre la *Russie* et le *Danemarc* 1782. art. 20, entre la *Suède* et l'*Amérique* 1785. art. 13, entre l'*Autriche* et la *Russie* art. 15, entre la *Russie* et la *Sicile* 1787. art. 22. D'ailleurs ce principe est établi d'une manière implicite dans la seconde des cinq propositions qui forment le systeme de la neutralité armée, adopté par presque toutes les Puissances maritimes.

f) Mais l'ordonnance de la *France* du 26. Juillet 1778. art. 1. statue la confiscation du navire lorsque $\frac{3}{4}$ de sa cargaison sont des marchandises de contrebande.

g) Traité entre la *France* et les *Prov. Unies* 1739. art. 27, entre la *France* et le *Danemarc* 1742. art. 25, entre les

Dans ces sortes de cas il peut être aussi question d'une rançon qu'offre la prise et qu'accepte le capteur, à moins que les loix qui défendent les rançons ne s'étendent aussi aux *navires marchands* neutres *h*), et empêchent de les accepter avec sureté.

§. 25.

Où la prise doit être conduite.

Mais si ou le capitaine de la prise se refuse à la cession, ou que le vaisseau de l'armateur ne peut contenir ces marchandises que l'armateur juge être sujettes à confiscation, ce qui l'un et l'autre auroit surtout probablement lieu s'il pretend à la cargaison entière.

Prov. Unies et la *Sicile* 1755. art. 31, entre la *France* et l'*Amérique* 1778. art. 13, entre la *Russie* et le *Danemarc* 1782. art. 20, entre la *Suède* et l'*Amérique* 1783. art. 13, entre l'*Autriche* et la *Russie* édit de l'*Autriche* art. 15. de la *Russie* art. 17, entre l'*Angleterre* et la *France* 1786. art. 28, entre la *France* et la *Russie* 1787. art. 33, entre la *Russie* et 'a *Sicile* 1787. art. 22, entre la *Russie* et le *Portugal* 1787. art. 27.

h) Les loix de l'*Angleterre* defendent generalement la rançon, même de vaisseaux neutres, sous peine d'être traité comme Pirate 19 Geo. III. cap. 7. St. 11. 19 Geo. III. cap. 67. St. 13. "in case any Comander of any private Ship of war commissioned shall agree with the Commander etc. of any *neutral* or *other* Ship or Ships Vessel or Vessels for the ransom of any such neutral Ship etc. or the respective Cargo or Cargoes thereof, or any part thereof, after the same shall have been taken as Prise they shall be deemed to be guilty of Piracy." — L'ordonnance de la *France* du 30. Août 1782. ne defend que la rançon des navires ennemis et de leur cargaison.

tière, ou enfin si l'armateur regarde le navire même pour confiscable, il ne reste plus d'autre moyen que celui d'amariner la prise; les rançons auroient difficilement lieu dans ces sortes de cas, supposé même qu'elles ne soient pas defendues.

C'est alors qu'observant les formes susdites l'armateur doit amèner sa prise, *et l'amèner dans la règle* dans un des ports de son souverain, et même, s'il le peut, dans ce port dans lequel il a obtenu sa commission. *i*) Au reste il depend de lui, ou de la conduire lui même, ou de la confier à quelqu'un de ses officiers, en le nommant *Conducteur de la Prise*, afin de pouvoir continuer sa course.

§. 26.

Procèdure lors de son arrivée.

Dès que la prise est arrivée dans un des ports du souverain de l'armateur, celui-ci, ou celui qu'il a chargé de la prise, doit se presenter au tribunai d'amirauté où à tel autre nommé pour connoitre des prises *k*),

F 3

delivrer

i) Ordonnance de *l'Espagne* 1779. art. 52. Ord. de la *France* 1400. art. 4. Ord. de la marine 1681. tit. des prises art. 17. Ord. du *Danemarc* 1710. art. 8. Instr. des *Etats-Generaux* 1705. art. 40. 1747. 1781. art. 38.

k) Sur le *Danemarc* v. Ord. de 1710. art. 2. sur la *Suède* ord. 1715. art. 6. sur les *Prov. Unies* voyés le détail du procès concernant les Prises dans Placard du 28. Juill. 1705. art. 22–43. dans *Recueil der Zeezaken* T. III. p. 344. 1747. 1781. art. 41. et suiv. en *France* autrefois les officiers d'amirauté jugeoient des prises, depuis ce fut l'Amiral, et depuis 1695 un Conseil des prises presidé par l'amiral; dès lors les officiers de l'amirauté n'eurent plus que l'instruction.

delivrer entre ses mains *l*) et les prisonniers ennemis qu'il auroit faits *m*) et tous les papiers qu'il a trouvés
sur le navire pris qui peuvent éclaircir le fait, ou
prêter serment qu'on n'en a pas trouvés, faire déclaration des circonstances de la prise, et de la pretension qu'il forme sur le vaisseau ou sur la cargaison.
Alors le juge après s'être transporté sur la prise pour,
en presence des deux parties, en faire dresser le procès verbal et apposer le scellé à la cargaison *n*), doit
proceder à l'information sommaire, en faisant subir
un interrogatoire, tant aux prisonniers ou autres gens
de la prise *o*), qu'aux gens de l'armateur; et si ces

depo-

l) Ordonnance de *l'Espagne* 1779. art. 31. 39. Ord. de la
mar. 1681. tit. des prises art. 21. Placard des *Etats-Gen.*
du 3. Oct. 1645. art. 18. Instruction d. P. U. de 1705.
art. 37. 1747. 1781. art. 33. Ord. de la *Suède* 1715. art. 6.
Dans les tems plus recens les prisonniers en France furent remis aux Commissaires de la marine ou aux
Commandans des places. VALIN p. 185.

m) En rendant compte de ceux qui lui manquent. Si la
prise arrive sans son équipage, on doit interroger séparement les gens du preneur, et si par ce moyen on
ne parvient pas à juger à qui étoit la prise, elle doit
être sequestrée, et, si après avoir fait citer publiquement ceux qui auroient à y pretendre pendant le terme,
ordinairement fixé à un an, il ne se presente point
de reclamant, la prise est partagée comme espave.
Ord. de la mar. 1681. tit. des prises art. 56. Ord. de
l'Espagne 1779. art. 58. 39.

n) Ordonnance de la mar. 1681. art. 22. 23. Placard des
Etats-Gen. 1645. Ord. de *l'Espagne* 1779. art. 41. Ord.
du *Danemarc* 1710. art. 9. 10. 1711. art. 8. 9.

o) Ordonnance de la *France* 1400. art. 4. Ord. de la mar.
1681. art. 24. Ord. de *l'Espagne* 1779. art. 3. Ord. du
Danemarc 1712. art. 9. 1711. art. 8. 19 Geo. III. c. 67.

Propre-

depositions, ensemble avec les papiers de mer font voir évidemment l'injustice de la prise, il doit, si sa jurisdiction s'étend jusque là, prononcer sur le champ *p*) main levée du vaisseau et de la cargaison, ou si la prise paroit évidemment bonne, soit pour être ennemie, soit à cause que pendant un terme fixé il ne s'est pas annoncé de reclamant, il peut adjuger la prise au preneur.

§. 27.

Procès de reclamation en première instance.

Mais lorsque, comme il arrive le plus souvent quand la prise n'est pas ennemie, il se présentent des reclamants, et que les parties ne peuvent point s'arranger à l'amiable, il faut instruire un plaidoyer en forme, et le procès traine assés souvent en longueur, non obstant que les loix et les traités enjoignent aux tribonaux d'amirauté d'administrer une justice aussi prompte qu'impartiale. *q*) Ce delai pouvant être souvent

Proprement ces interrogatoires surtout de sujets neutres devroient se borner aux points qui ont rapport au jugement de la prise; mais on profite de l'occasion pour les interroger sur d'autres points qui ont rapport à la guerre, et à la conduite des puissances neutres: on peut diviser ces interrogatoires en ordinaires et *extraordinaires* dans tous les sens du terme. Sur les interrogatoires en France voyés l'instruction du 16. Août 1692 et VALIN l. c. p. 194.

p) Ordonnance de *l'Espagne* 1779. art. 5. 40. Ord. de la marine 1681. art. 50. Placard des *Etats-Generaux* du 28. Juill. 1705. art. 27. Ord. du *Danemarc* 1710. art. 11. 1711. art. 10.

q) Placard des *Etats-Generaux* 1702. art. 12. 1747. 1781. 1793. art. 11. 13 Geo. II. ca.p.4. St. 6. — 19 Geo. III.

cap.

vent fort préjudicieux à des cargaisons sujettes à de-
perissement, le juge doit non seulement à l'instance
des deux parties, mais même à la sollicitation de l'une
d'entre elles, ou de son propre chef, faire décharger
les marchandises *perissables* en des magazins publics, et
même procéder à la vente publique de *cette partie* de la
cargaison, et garder en lieu de sureté le provenu
de cette vente, ainsi que le reste des marchandises. *r*)

Quant

cap. 67. St. 22. voyés aussi Traité entre les *Prov. Unies*
et la *Sicile* 1753. art. 33. et une multitude d'autrés.

r) La procédure n'étant pas exactement la même dans les
tribunaux des differends états, je crois faire plaisir aux
lecteurs en donnant ici le précis de celle que les loix
ont introduite en *Angleterre* par les actes depuis 1740.
surtout 19 Geo. III. cap. 67. St. 17. 18. 27. Le juge doit
dans l'espace de cinq jours après la première déclaration du Capteur finir le premier examen ordinaire de
l'equipage de l'armateur et de celui de la prise, et
alors dans l'éspace de trois jours faire émaner un aver-
tissement à tous ceux qui voudroient reclamer; que si
alors dans l'espace de 20 jours il ne se presente point
de reclamant, ou si le reclamant qui s'annonce ne prête
point dans 5 jours caution suffisante de payer le double
des fraix du procès en cas que la prise fut jugée bonne,
les juges de l'amirauté doivent sur le dit examen pré-
paratoire et sur les papiers qui leur ont été remis,
procéder immediatement à une sentence absolutoire ou
condamnatoire. - Que s'il se presente un reclamant qui
prête la caution requise, et quil n'est pas necessaire
de recevoir la deposition de temoins fort éloignés, le
juge doit faire examiner les temoins dans l'espace de
10 jours, et alors prononcer la sentence. Mais si le cas
lui paroit douteux, et qu'il juge necessaire d'accorder
un plaidoyer aux parties et d'interroger des temoins

éloignés

Quant au procès même, on pourroit, en suivant les principes généraux, charger l'armateur de la preuve que

éloignés à l'instance de celles-ci, alors il procédera à la taxation de la prise par des experts jurés nommés par les parties et autorisés par le tribunal; à la quelle fin la cargaison, après qu'on en a fait l'inventaire, si le juge le croit necessaire, sera dechargée dans un magazin public; ensuite on demandera aux Reclamants due caution qu'ils payeront aux Capteurs la valeur entière en cas de condamnation, et aux Capteurs caution pour les fraix, sur quoi le juge prononcera sentence interlocutoire et délivrera la prise aux Reclamants.

Que si les Reclamants refuseront de faire due caution, les juges demanderont sur le même pied caution au Capteur de restituer la valeur taxée de la prise, en cas qu'elle seroit jugée non-confiscable, sur quoi la prise lui sera delivrée.

Lorsqu'en suite la sentence definitive sera prononcée, et que l'une des deux Parties se croiroit lesé, il lui sera libre d'appeller dans l'espace de 15 jours aux Commissaires que le Roi nomme à cet effet de Son conseil privé, sous le Grand Sçean du Royaume; cependant à condition qu'elle donnera caution suffisante de poursuivre son appel et de payer les triples fraix qui seront payables en cas de sentence confirmatoire.

Dans ce cas le juge pourra à la requisition du Capteur, ou du Reclamant, ou du seul Reclamant, si telle est la teneur des traités avec son Souverain, non obstant l'appel interposé, proceder à l'extradition de la prise à celui qui aura fait due caution, ou bien si cette caution souffre des difficultés, il pourra proceder à la vente publique de la prise, de sorte que le provenu en soit déposé dans la banque ou autre lieu public sur le nom de ceux desquels le capteur et les reclamants conviendront ensemble.

F 5

que le navire ou la cargaison sont sujets à condamnation. D'abord c'est lui qui paroit en justice comme demandeur, en sollicitant de condamner la prise, et la preuve que le vaisseau n'est pas sujet à confiscation, est une preuve négative, dont dans la règle personne n'est obligé de se charger; cependant dans tous les tribunaux d'amirauté on charge le réclamant de prouver son innocence. Quant aux preuves même il semble qu'on devroit admettre indistinctement celles que le défendeur peut apporter, qu'il les aie pu produire ou non lors de la visite sur mer, vu que malgré les soupçons fondés qui pouvaient naitre à l'armateur du défaut de quelques pièces, ce n'est pas d'après des soupçons, mais d'après la verité qu'il doit être jugé, et que tout juge doit laisser au defendeur un libre choix des moyens de sa defense. Mais dans quelques états *s*) on n'admet absolument pas d'autres papiers que ceux qui en pleine mer ont été produits à l'armateur, en rejettant tous ceux qu'il produiroit depuis. En Angleterre et en Danemarc *t*) on les admet, mais si ce

n'est

Sur la procédure observée avant la presente guerre en *France* on peut voir VALIN *traité des Prises* Chap. 13. et suiv. La procédure en *Hollande* se trouve amplement decrité dans le placard du 28. Juill. 1705. art. 22-43. *Recueil van Zeezaken* D. III. p. 544. dont les dispositions ont été repetées dans les Placards de 1747. 1781. Sur la procédure en *Espagne* on peut voit l'ord. de 1779. art. 3. et suiv. et 53. et suiv.

s) V. sur la *France* l'ordonn. du 24. Juin 1778; comparés cependant le traité avec *l'Angleterre* 1786. art. 33. En *Suède* l'ord. 1715. art. 7. rejette tous les autres documens comme inadmissibles.

t) En *Danemarc* l'ord. de 1710. art. 9 et 20. porte: qu'on n'aura égard qu'à ces papiers que l'on a trouvés sur le

navire,

n'est que par ces nouvelles preuves qu'il conste que la prise n'est pas sujette à coudamnation, le Reclamateur doit se charger des fraix souvent assés considerables du procès. *u*) En *Espagne* on les admet si le vaisseau peut prouver qu'il en a manqué sans sa faute. *x*)

§. 28.

Appel.

La sentence definitive prononcée en premier ressort, il est permis à chacune des deux parties de se pourvoir en appel, ou en revision. *y*)

Gene-

navire, mais l'ord. 1711. art. 10. porte: que s'il conste de l'innocence de la Prise par d'autres preuves que celles qui se trouvoient sur le navire lors de la prise, le Capteur sera dispensé de rembourser les fraix; cette nouvelle disposition n'exclue donc pas des preuves ulterieures.

u) DE STECK essais 1794. p. 115.

x) Ordonnance de *l'Espagne* 1779. art. 16. cf. art. 25. et 54.

y) En *Espagne* on appelle au Conseil de guerre, voyés Ordonnance de 1779. art. 4, en *France* on appelloit jusquici à un Conseil des Prises établi depuis 1695. et renouvellé dans les guerres suivantes; le réglement de 1778. se trouve dans le *Code des Prises* T. II. p. 663. En *Angleterre* on appelle du tribunal d'Amirauté de Londres et des autres tribunaux d'Amirauté, aux commissaires nommés par le Roi de son Conseil privé. 13 Geo. II. c. 4. BLACKSTONE comment. B. III. c. 5. §. 5. Dans les *Prov. Unies des Pays-Bas*, la première sentence étant prononcée par le tribunal compétent d'Amirauté, les habitans ont 2 mois, les étrangers 4 mois de tems pour demander la revision devant un tribunal

composé

Généralement cet appel ou cette revision n'ont pas un effet absolument suspensif, de sorte que si l'armateur a obtenu gain de cause, il peut en prêtant caution, ou en augmentant celle qu'il a prêtée, jusqu'à la valeur de la prise, estimée par une taxation des experts, en obtenir sur le champ la cession; et les reclamants, si la première sentence accordoit main levée de la prise peuvent demander de même son relachement, s'ils prêtent une semblable caution de restituer en cas de reforme du premier arrêt. z) Un juge impartial ne doit pas dans ces sortes de cas accorder plus de facilités à l'armateur qu'aux reclamans.

§. 29.

Procès sur une partie de la cargaison.

Ce qui vient d'être dit a lieu dans les cas où l'armateur forme une prétension sur le navire et sur la cargaison. Mais si en reconnoissant la neutralité du navire il n'a de pretensions que sur la cargaison ou sur une partie des marchandises, soit sous le pretexte

composé de 3 membres du Collège d'amirauté de première instance et de 4 Deputés des Etats-Generaux avec un clerc. Voyés Placard du 23. Juill. 1705. art. 58; en *Suède* l'ord. du 14. Août 1741. acorde l'appel au Roi, ce qui sans doute souffre aujourdhui une nouvelle modification. En *Danemarc* si la première sentence a été prononcée par le tribunal d'amirauté de Copenhague, on peut appeller à la haute cour de justice; si elle a été prononcée dans d'autres cours, on appelle au tribunal d'amirauté de Copenhague qui alors juge en dernier ressort Ord. de 1710. art. 12. Ord. de 1711. art. 11.

z) Voyés les loix citées à la nôte precedente.

texte de contrebande, soit sous celui de la propriété
ennemie, en tant que cette dernière pretension est
censée admissible, le vaisseau amené, après avoir de-
chargé la marchandise en litige, doit avoir la permission de se remettre en route avec le reste de la cargaison, sans attendre la fin d'un procès pour lequel il
suffit qu'il aie constitué un procureur. Ce principe
ne se trouve pas dans les ordonnances que j'ai cité,
mais il suit de la nature de la chose, et il a été sanctionné par nombre de traités. *a*)

Il en devroit être de même, si, malgré les pretensions formées contre le vaisseau, on reconnoitroit
la cargaison pour libre; mais, vu qu'aujourdhui *b*) on
a adopté presque sans exception le principe, que la confiscation du navire emporte celle de la cargaison, ce
raisonnement ne peut être gueres appliqué; aussi je
cherche envain une decision moderne pour l'appuier.

§. 30.
Fraix et dommages.

Enfin lorsqu'il a été prononcé en dernier ressort,
cette sentence doit être executée avec une promtitude

qui

a) Les traités cités au §.24. note *e*) reglent presque unani-
mement ce point.

b) Anciennement on avoit généralement égard à la propriété des marchandises, de sorte qu'en enlevant le bien
ennemi quoique chargé sur un vaisseau neutre, on resti-
tuoit le bien neutre quoique rencontré sur un vaisseau
ennemi. Ceci se trouve aussi stipulé dans bien des
traités du 16. et 17. Siècle, mais plus le système a pris
que le navire couvre la cargaison, plus on a fait valoir
le principe opposé: *que le navire ennemi confisque la
cargaison,* quelque peu que ce dernier soit fondé dans
la loi naturelle.

qui devroit être égale pour les deux parties, tant pour le fond de la cause, que par rapport aux fraix du procès, et aux dommages causés; de sorte que si le capteur a été condamné à la restitution de la prise avec fraix et dommages on doit accorder *sur le champ* main levée de la prise aux reclamants et lever les fraix sur les garants de l'armateur. Si la prise a été declarée bonne et que les reclamants ont été condamnés à la restitution des fraix, ceux-ci se lèvent également sur leurs garants, et on procède à la distribution de la prise.

Ces fraix et dommages font souvent un objet fort important des sentences sur les prises, et les mesures adoptées à cet égard ne font pas la moindre partie des plaintes des Puissances neutres, d'autant plus qu'on n'a pu exclure ici l'arbitre du juge, qu'on accuse souvent de pencher du côté de l'armateur. L'imperfection des loix à cet égard ne me permet pas d'approfondir cette matière.

Il est juste d'un côté que si les reclamations sont destituées de tout fondement, à l'égard de tous les chefs du procès, les reclamants soient-condamnés à payer tous les fraix causés injustement à l'armateur; aussi ne manque-t-on pas à ce point.

Il est juste et reconnu *c)* de l'autre côté, que si
1.) toutes les pretensions de l'armateur sont jugées mal fondées, que les papiers que lui presentoit le navire en pleine mer suffisoient pour faire preuve de son innocence, et qu'il a cependant amené la prise, ou

2)

c) Règlement de la *France* du 24. juin 1778. art. 13. Ord. de *l'Espagne* 1780. art. 10. Traité entre les *Prov. Unies* et *l'Amérique* 1782. art. 11, entre la *France* et les *Prov. Unies* 1759. art. 25. 33.

2) qu'on peut suffisament prouver que l'armateur a violé les ordonnances, en rompant les mâles, pillant etc., l'armateur doit être condamné à payer non seulement tous les frais, mais aussi les dommages causés au navire et à sa cargaison. Mais quant à ce dernier point il ne suffit pas de lui rembourser tous les dommages que l'armateur lui auroit causé en rompant les mâles, pillant ou souffrant le pillage, ou en commettant d'autres désordres, aussi frequens que difficiles de prouver d'une manière satisfaisante. Le reclamant a un droit également fondé sur le remboursement du gain qu'il a été empeché de faire pendant le tems que le navire et la cargaison ont été detenus; mais, s'il y auroit moyen encore de satisfaire les propriétaires du navire en leur faisant payer ce que dans cette espace de tems ils auroient pu gagner en frêt, comment dedomager les propriétaires de la cargaison — il faudroit forcer l'armateur de payer avec usures ces marchandises au prix ordinaire qu'elles avoient au lieu de leur destination à l'époque ou elles seroient probablement arrivées, si on ne les eut pas saisies en mer, — mais où est la sentence qui aie tellement chatié l'armateur insolent — d'ailleurs la caution qu'on lui fait prêter est souvent bien insuffisante à cette fin, et quoique les armateurs soient tenus de repondre même au de là de cette somme, ceci suppose qu'ils aient du bien, et qu'ils ne trouvent pas le moyen de le céler.

Il se joint à ceci que si la preuve apportée en pleine mer n'est pas jugée suffisante — et il est bien aisé de colorer un soupçon — l'armateur, dumoins d'après

le

le principe introduit en *Angleterre* est exemté du remboursement, et le reclamant condamné en tous les fraix, lors même que dans les tribunaux l'innocence de la prise est manifestée par les preuves les plus convainquantes. *d*)

Au milieu des deux extrêmes de condamner ou d'absoudre entièrement la prise il y a encore bien des cas, lorsque l'armateur obtient gain de cause à l'égard de quelques points, et qu'il est mis hors de cour à l'égard de tous les autres. Il est impossible de justifier dans tous ces cas la compensation des fraix, il est plus impossible encore de justifier la varieté des sentences prononcées à cet égard, et dont il est rare que l'armateur aie à se plaindre.

Si la sentence prononcée en premier ressort, est confirmée par la sentence d'appel, il est juste que dans la règle le demandeur en appel soit condamné à tous les fraix de cette seconde instance, mais j'ignore pour quoi en *Angleterre* on l'oblige à faire caution pour le triple de ces fraix.

Si en dernier ressort la premiere sentence est reformée, il doit paroitre naturel que les fraix soient compensés.

§. 31.
Distribution de la prise.

Quant à la distribution de la prise on peut observer, que dans les premiers tems des armateurs on

leur

d) En France, pour peu qu'il y ait eu lieu d'arrêter le navire et de l'ammêner, le reclamateur n'obtient aucuns dommages ou depens, et doit faire les fraix de garde et de justice. Arrêts du 28. Mars et du 23. Dec. 1705. VALIN *traité des prises* p. 240. approuve fort ces règlemens!

leur retranchoit une partie assés considérable de la
prise qu'on attribuoit à l'état; d'abord ils durent abandonner au souverain les armes et munitions de guerre *e*),
et en outre on fit une deduction de plusieurs pour
cents pour le profit de l'état ou de l'admiral. Mais
on s'est vu dans le cas de se relâcher à cet egard.

Aujourdhui non seulement le souverain s'il veut
retenir pour lui le vaisseau de guerre, les armes et munitions de guerre qui auroient été pris, ainsi qu'il en
a le droit, les paie d'après une évaluation, faite en
presence d'agens des deux parties, mais aussi les de-
ductions ont été ou entièrement abolies, ou diminuées
de beaucoup. En *Espagne* le cinquième étoit dû au
Roi, mais il en a fait remission aux armateurs. *f*) En
Hollande on deduisit d'abord 30, ensuite 18 pro Ct.
en suite 10; depuis 1702 ce dixième, fut remis;
on retablit ensuite le dixième 1781 pour le Prince
d'Orange en qualité d'Amiral general de l'union; mais
celui-ci étoit en usage de le remettre aux armateurs. g)
En *Angleterre* on deduisit d'abord 10 pro Ct. assignés
à l'Amiral; aujourdhui on ne fait aucune deduction. *h*)
En *France* de même l'Amiral avoit droit à la 10.
partie de la prise, mais il en fit ordinairement grace
aux armateurs, et 1756 *i*) ce dixième fut aboli. En

Dane-

e) L'ord. de *l'Espagne* de 1621. art. 4. en fait remission.

f) Ord, de *l'Espagne* 1621. art. 4. 1779. art. 51.

g) Sur les *Prov. Unies des Pays-Bas* voyés les Placards
  du 1. Avril 1622, 8. Fevr. 1645. 1702. art. 1. 1781. art. 6.

h) 13 Geo. II. cap. 4. St. 2. — 19 Geo. III. cap. 17. St. 2.

i) Edit du Roi du 15. May 1756. Cependant les 6 deniers
  pour livre attribués aux invalides ont subsisté depuis,
  quoique differement pour les prises des vaisseau du
  Roi et pour celles des armateurs.

G

Danemarc on ne déduit qu'un pour Cent pour le profit des pauvres. *k*) En *Russie* on retient un dixième pour la Couronne. *l*) Cependant par tout les fraix de déchargement et de la garde du vaisseau et des marchandises sont prélevés sur la masse. Quant au partage à faire entre les propriétaires du vaisseau et le capitaine ainsique les officiers et les matelôts, on a généralement avant tout égard au contrat fait entre les propriétaires et le capitaine *m*); s'il n'y a point d'arrangement fait à cet égard (ce qui arrivera difficilement) quelques loix ont fixées le partage. En *Espagne* le tiers est dû aux armateurs, l'autre aux avitailleurs, l'autre enfin aux Capitaine, officiers et mariniers *n*). En *France* les deux tiers sont dus à ceux qui auront fourni le vaisseau et victuailles, et un tiers aux officiers, soldats et mariniers. *o*)

Il se peut qu'une prise ait été faite en commun, soit par des vaisseaux de l'état et par des corsaires, soit par plusieurs corsaires, soit par plusieurs vaisseaux de l'état. Dans le premiers cas le partage se fait d'après

le

k) Ordonnance de 1710. art. 13. 1711. art. 12.

l) Règlement de 1787. art. 9.

m) Ordonn. de la marine 1681. art. 32. Ord. de *l'Espagne* 1621. art. 3. 1779. art. 38. *Acte du parlement* 13 Geo. II. cap. 4. St. 2. — 19 Geo. III. cap. 67. St. 2, Règlement de la *Russie* 1787. art. 9.

n) Ordonnance de *l'Espagne* de 1621. art. 3.

o) L'ord. de 1584. art. 25. n'atribuoit à l'armateur qu'un $\frac{1}{3}$; l'ord. de la marine 1681 titre des prises art. 33. lui attribue $\frac{1}{3}$ l'ord. du 26. Mars et 24. Juin 1778. le confirme; voyés aussi Arrêt du Conseil d'état du 15. Decembre 1782.

le nombre des canons de chaque vaisseau qui a eu part à la prise, et même sans égard au calibre. *p*) Dans le second, s'il y a societé expresse entre eux, le partage se fait sur le pied convenu, si non, on a assés generalement égard à la proportion de la force des navires, de leurs équipages, du nombre et du calibre de leurs Canons. *q*) Dans le trosième cas je ne trouve point d'arrangement uniforme à cet égard, et dans quelques états on publie des Instructions particulières au sujet de ce partage. *r*)

Hormis le cas de société entre les armateurs, il faut, pour avoir part au butin, prouver d'avoir contribué de manière quelconque à ce que la prise à été faite, et il ne suffit pas de s'être trouvé à vue. On en fait preuve surtout par le temoignage de l'équipage du navire pris.

G 2   Les

p) Dans les tems plus reculés les prises faites par les vaisseaux de l'état tomboient au profit de l'état; mais depuis qu'on s'est vû dans le cas d'encourager les armateurs en leur cedant la totalité de leurs prises, il dut sembler injuste de ne pas accorder une part au butin à ceux qui étant au service de l'état, avoient exposé leur vie. Aujourdhui dans plusieurs états les officiers du Souverain ont un droit égal à celui des armateurs, comme en *Angleterre* 6 Anna cap. 13. 13 Geo. II. cap. 4, 19 Geo. III. cap. 67. et en *Hollande* Placard du 25. Juillet 1625; ce droit s'étend sur les prises et sur les reprises en tant qu'à l'égard de ces dernieres on ne peut pas prouver d'exceptions. En *France* par l'Ord. du 24. Juin 1778. les vaisseaux de guerre pris leur sont abandonnés en entier, et les navires marchands pour deux tiers.

q) Sur la *France* voyés Déclaration du Roi du 5. Mars 1748. 15. May 1756.

r) Sur la *France* voyés VALIN l. c. p. 315. et suiv.

Les inconveniens et les procès que pourroit faire naitre le partage des prises en l'abandonnant aux particuliers, sont les causes principales pour les quelles on delivre aujourdhui rarement la prise en nature à l'armateur. On la vend publiquement à l'enchère *s*). En Angleterre on constitue *t*) un agent pour soigner la distribution, lequel après avoir fait annoncer publiquement le terme où commenceront les payemens, doit satisfaire à ceux qui s'annoncent. Si dans un terme différement fixé par les loix quelqu'un des autorisés ne s'annonceroit pas, son droit est prescrit, et sa part retombe à l'état, auquel l'agent doit rendre compte de la distribution.

§. 32.

Echange ou rançon des prisonniers.

Lorsque l'armateur a fait des prisonniers de guerre, et que ceux-ci sont rançonnés ensuite, le benefice lui en est également attribué. *u*) En *Hollande* on a même remboursé quelquefois les fraix de la nourriture des prisonniers, jusqu'à ce qu'ils soient delivrés aux cours d'amirauté. *x*) En *Angleterre* on permet aux armateurs

de

---

s) *Code des prises* T. I. p. xx. nôte à l'art. 31. VALIN l. c. p. 247. En *Espagne* la repartition se fait par les officiers du Roi en présence de personnes nommées par l'armateur et par le Capitaine Ord. de 1621. art. 8.

t) J'ignore cependant si ceci à lieu aussi pour les prises faites par les armateurs, ou seulement pour celles qui auroient été faites par des vaisseaux du Roi, 13 Geo. II. cap. 4. — 19 Geo. III. cap. 67.

u) Ordonnance de *l'Espagne* 1621. art. 5.

x) Placard du 28. Juill. 1705. art. 2; en payant 7 Stuv. par jour par tête cf. Placard du 14. Fevr. 1748. art. 6.

de se servir d'eux pour leurs vaisseaux. *y*) Si des
sujets du souverain auroient été pris pour ôtage pour
garantir la rançon, et qu'ils se trouvent sur la prise,
ils sont libres en *Hollande*, mais obligés de payer le
tiers de la somme garantie au Capteur. *z*) En *France*
on les regarde comme libres, sans aucune retribution. *a*)
C'est une suite de ce que les rançons y sont déclarées nulles; le même point doit donc avoir lieu en
Angleterre.

§. 33.

Recompenses des armateurs.

C'est peu d'avoir apporté toute sorte de facilités aux armemens en course, c'est peu d'avoir accordé
aux armateurs la propriété de leur prise, on a cru
devoir exciter encore leur valeur par toute sorte de
recompenses, qui cependant dans la pluspart des pays
ne sont accordées qu'à ceux, qui ont armé principalement en course, et non à ces navires marchands qui
ne se sont munis d'une commission que pour le cas
de besoin. *b*) Ceux ci doivent se contenter de jouir
de leur prise.

Au nombre de ces recompenses on voit surtout
1) une somme d'argent pour chaque ennemi tué, ou
fait prisonnier sur un *vaisseau de guerre ou armateur
ennemi,*

G 3

y) 16 Geo. III. c. 5. St. 4.

z) Placard du 18. Juill. 1705. art. 7.

a) Emerigon T. I. p. 500. Valin *traité des prises* p. 88.

b) Placard des *Prov. Unies* 1702. art. 7. 1747. 1748. 1793.
art. 6. En *Angleterre* on ne fait pas cette distinction
voyés 17 Geo. III. cap. 7. art. 16.

ennemi, et une même somme pour chaque canon qui s'est trouvé sur le vaisseau pris ou détruit; d'après son calibre *c*); partagée en Angleterre comme la ripse; mais en France l'équipage seul y a part.

2) Libre importation ou exportation des biens dont la prise étoit chargée avec l'immunité de certains droits. *d*)

3) Distinctions pour les officiers des armateurs qui auroient données des preuves de leur valeur. *e*)

4)

c) Ordonn. des *Prov. Unies* 1652. Le Placard du 6. Juin 1702. fixe ce prix à 75 Fl. celui de 1747. à 150 Fl., ce qui a été repété 1781. 1795. art. 1; on paye la moitié si le vaisseau a été seulement endommagé. En *Angleterre* on paye 5 L. Sterl. pour chaque ennemi qui se trouvoit sur le vaisseau au commencement du combat. 15 Geo. II. cap. 4. St. 15. — 19 Geo. III. cap. 67. St. 42. En *France* on payoit 100 Livres par Canon au dessous de 12 Livres, et 200 Liv. pour chaque Canon au dessus de ce calibre; cinq Liv. pour chaque homme qui se trouvoit sur le vaisseau ennemi au commencement du combat. VALIN *traité des prises* p. 9. En *Espagne* on accorde pour un vaisseau de guerre pris 1200. Réales de Vellon pour chaque Canon de 12 Liv. et 800 pour chaque Canon au dessous de ce calibre; 200 pour chaque prisonnier; les récompenses sont moindres pour les prises de vaisseaux armateurs ou marchands v. Ord. de 1779. art. 51.

d) Sur *l'Espagne* Ordonn. de 1621. art. 12. Ord. de 1779. art. 46. Sur le *Danemarc* Ord. de 1710. art. 13. 1711. art. 12. En *Angleterre* on doit payer les droits ordinaires pour les biens dont la prise est chargée 19 Geo. III. cap. 67. St. 42.

e) La cedule du Roi *d'Espagne* du 7. Août 1623 porte: que les chefs des vaisseaux armateurs jouiront des mêmes

avanta-

4) Gratifications pour les soldats ou mariniers qui auroient été blessés ou mutilés dans le combat. *f*)

§. 34.

Des prises faites par les troupes du continent, ou dans les ports·

Il se peut que des troupes du continent soient chargées d'expeditions contre des vaisseaux de guerre, ce qui arrive surtout lors des siéges de places maritimes; il se peut même qu'ils fassent des prises. Le siège de Gibraltar offre l'exemple de l'un, et l'occupation de la Hollande par les Prusslens 1787 un exemple de l'autre. Il semble être juste que dans ces cas on leur accorde les mêmes avantages dont jouissent les vaisseaux du Souverain ou les armateurs. Aussi un acte du Parlement de l'an 1783 *g*) accorda-t-il à ceux qui s'étoient distingués à Gibraltar contre les batteries flottantes des Espagnols, les mêmes recompenses que les loix attribuent aux vaisseaux qui ont combattu l'ennemi.

G 4   Au

avantages, dont jouissent les officiers servant sur la flotte royale, et qu'ils seront distingués comme eux, s'ils donnent des marques de valeur. En *Angleterre* ceux qui auront servi deux ans sur un vaisseau armateur auront le droit de naturalisation; sur la *France* voyés Valin l. c. p. 11.

f) V. sur *l'Espagne* Cedule royale, 1685. 12. Sept. sur les *Prov. Unies* Placard de 1702. art. 6. item 1747. 1781. 1793. art. 5. On trouve la taxe des differentes blessures formée par les *Etats-Gen.* 1781. dans *N. Nederl. Jaarboeken* 1781. p. 88. sur la *Grande Bretagne* voyés 10 Anna cap. 17. St. 20. etc.

g) 23 Geo. III. cap. 16.

Au reste il n'y a aucun fondement solide pour distinguer entre les prises faites en pleine mer, et celles qu'on fait dans les ports, soit en vertu d'une capitulation qui met entre nos mains la place avec tous les navires qui se trouvent dans le port, soit de quelque autre manière. Le droit de la guerre est le même dans tous ces cas, et du moins tant que les loix ne font point de distinction ici, on ne sauroit en admettre à cet égard pour juger, soit des prises, soit des reprises. *h*)

§. 35.

Des prises faites par collusion.

En voila bien assés pour enflammer le zèle *patriotique* des armateurs, et l'on n'auroit pas lieu de croire que, peu contens de ces avantages, ils auroient recours à des pratiques directement nuisibles à cet état même dont ils se disent les defenseurs; cependant une malheureuse experience n'a que trop fait voir, combien on a lieu de se garder d'eux. Sans parler des collusions frauduleuses avec les sujets de l'ennemi qui ont lieu tant qu'il n'est pas defendu a ceux-ci de se ranconner a la charge des propriétaires du navire, une des collusions souvent *i*) le plus directement contraires

aux

---

h) On verra plus bas §. 60. que cette question fût agitée au sujet de la recousse de navires Hollandois pris à St. Eustache 1781.

i) Je dis souvent, car il est des cas où le Souverain de l'armateur, s'il manque d'objets qu'il n'est pas permis aux vaisseaux neutres de lui porter directement, verroit avec satisfaction une collusion entre ceux ci et les ar-

mateurs

aux vues du souverain de l'armateur c'est celle où en vertu d'un arrangement secrèt avec des sujets ennemis, auxquels tout commerce est defendu avec nous en tems de guerre, ou même avec des sujets neutres ou amis *k*) on fait servir une prise simulée de prétexte pour transporter des marchandises ennemies ou prohibées dans nos ports. Ce sont sur tout ces sortes de collusions qui ont donné lieu à des loix sevéres en Hollande et en Angleterre en vertu des quelles en *Angleterre l*) l'armateur qui en aura été convaincu non seulement doit perdre le droit sur la prise et sur les recompenses, mais son propre vaisseau ainsi que la prise seront confisquées et la valeur partagée entre le Roi et le Denonciateur et en outre la caution de l'armateur sera devolue au Roi. En *Hollande m*) déja d'après une loi de 1690 si ces collusions ont lieu du sçu des proprietaires, ceux-ci seront demis de leurs charges, fouëttés, et punis d'une amende de 20,000 Fl. en outre de la confiscation du vaisseau et de la prise; si

G 5

elles

---

mateurs afin qu'une feinte prise colore un procédé contraire à la neutralité, et procure au souverain belligérant ce dont il manque le plus. Il ne seroit pas difficile d'appuier ceci d'exemples tirés de la guerre actuelle.

k) Il sera parlé plus bas de ces sortes de collusions en fait de reprises.

l) 13 Geo. II. cap. 4. St. 19. — 19 Geo. III. cap. 67. St. 46. Si un vaisseau du Roi se rend coupable d'une telle collusion, la prise sera adjugée au Roi et le Capitaine payera 1000 Liv. Sterl. d'amende, perdra sa place et sera incapable de rentrer en service pendant 7 ans ibid.

m) Placard de 1690. *Recueil van Zeezaken* T. II. p. 172. cf. Placard de 1747. 1781. 1793. art. 4.

elles ont lieu par la seule faute du commandeur il sera puni de mort et ses biens seront confisqués.

§. 36.

Des cas où la prise est conduite dans un port étranger.

Bienque toutes les Puissances maritimes obligent leurs armateurs de conduire dans la règle leurs prises dans les ports du Souverain dont ils tiennent leur commission, cette règle souffre des exceptions, non seulement en cas qu'une tempête ou la poursuite de l'ennemi les force de se refugier dans un port étranger, mais dans les guerres maritimes fort éloignées on se voit necessité de leur laisser encore plus de liberté à l'égard du choix du Port où ils conduiront leurs prises. *n)*

Le droit des gens universel permet à chaque puissance neutre, et même à chaque tierce puissance d'accorder à un tel armateur l'entrée et le séjour avec sa prise, ou de la lui refuser, en exceptant le cas de necessité; elle n'est pas obligée de prendre connoissance

n) C'est ainsi que les *Prov. Unies* dans leurs guerres contre les Africains se sont vû obligées de permettre aux armateurs de chercher des ports plus voisins; voyés Placard du 6. Janv. 1711. Instruction du 2. Avril 1755. n. 5. C'est ainsi que la *Russie* permit généralement 1787. à ses armateurs de conduire leurs prises dans des ports neutres de la méditerranée, s'ils ne pouvoient les conduire vers la flotte Russe. Réglement de 1787. art. 6. C'est ainsi que la *Grande Brétagne* permet à ses armateurs de conduire à Livourne leurs prises faites dans la méditerranée Galliani Liv. I chap. 9. p. 171.

sance de la justice ou de l'injustice de la prise dès
qu'elle n'a pas été faite sous sa jurisdiction; et sans
être en devoir de forcer l'armateur à rendre la prise
au premier propriétaire, elle peut souffrir que la prise
soit déchargée et vendue chés elle. Mais elle ne blesse
pas le droit des gens si à l'instance du capteur, ou à
celle du reclamateur, elle prononce sur la justice ou l'injustice de la prise *o*), de sorte qu'il y a peut être peu
de points à l'égard desquels une puissance puisse avoir
un champ plus libre d'agir d'après qu'elle le juge à
propos. C'est aussi pourquoi et la conduite des puissances, et leurs traités sur ce point sont si prodigieu-
sement variés, et que souvent une seule puissance a
pris d'autres arrangemens avec telle puissance, et d'autres avec telle autre, soit pour le cas où elle seroit
neutre, soit pour celui d'une guerre commune. On peut
observer cependant généralement que

1) toutes les Puissances neutres accordent aux armateurs la permission d'entrer dans leurs parages et
dans leurs ports, en cas de necessité, causée par les
dangers de la mer ou par ceux de l'ennemi. Les
sentimens d'humanité tant envers les armateurs, que
même envers leurs prisonniers, leur dictent cette
conduite.

2)

o) V. sur *l'Angleterre* BLACKSTONE *Comment.* T. II. p. 108.
La proposition de HUBNER *de la saisie des bâtimens
neutres* T. II. p. 59. d'ériger un tribunal composé des
trois nations interessées au procès est sans doute fort
specieuse; mais outre les difficultés que rencontreroit
son execution, elle ne leve pas les doutes qui concernent les principes d'après lesquels on jugera. D'ailleurs je ne crois pas qu'elle soit de droit des gens rigoureux.

*) Que toutes les puissances neutres se reservent le
droit de juger de la prise en cas que l'armateur
seroit accusé de l'avoir faite dans l'enceinte de leur
jurisdiction *p*), ou en tant que la prise appartient à
leurs propres sujets, soit en tout, soit en partie.

Mais c'est aussi à quoi se bornent plusieurs Puissances, pour le cas où elles seroient neutres, de sorte
que, sauf les exceptions qui resultent de traités conclus avec telle puissance étrangère, elles obligent les
armateurs de remettre en mer, dès que le danger est
passé, sans leur permettre de décharger, de faire juger
et de vendre leurs prises *q*); et cette conduite semble
être la plus conforme à une neutralité parfaite.

D'autres permettent generalement aux armateurs
des puissances belligérantes d'entrer dans leurs ports,
d'y séjourner, de faire juger et vendre leurs prises *r*),
soit qu'elles se soient reservé à elles mêmes *s*) le droit
de

p) Edit du Grand Duc de *Toscane* 1778. art. 17. Edit du
Roi des deux *Siciles* 1778. art. 5. Edit du *Pape* 1779.
art. 7.

q) Edit des *Prov. Unies* 1780. Edit du *Portugal* 1780. du
30. Août. Traité entre les *Prov. Unies* et la *France*
1759. art. 11. entre les *Prov. Unies* et la *Sicile* 1753.
art. 15. entre la *Suède* et *l'Amérique* 1783. art. 18. 19.
entre la *Prusse* et *l'Amérique* 1785. art. 19.

r) Edit du *Pape* 1779. art. 2. Edit du Roi des *Siciles* 1778
art. 4. Edit de la rép. *Venise* art. 18. voyés aussi GAL-
LIANI L. I. chap. 10. §. III.

s) Le Roi des deux *Siciles* dans son traité avec la *Suède* 1742
art. 28. et avec le *Danemarc* 1742. art. 33. de même le
Roi de *Danemarc* avec la rép. de *Gênes* 1789. art. 13. se
sont reservé le choix de juger ou de ne pas juger.

de juger de la légitimité de la prise *t*), soit qu'elles
souffrent que l'armateur s'addresse au Consul *u*) ou
au ministre *x*) de sa nation, et qu'après que celui-ci
auroit jugé, ou obtenu la sentence des tribunaux de
son souverain sur les actes envoyés à celui-ci, la
vente se fasse avec autorité du magistrat du lieu. Cette
conduite est encore compatible avec la neutralité, lorsqu'elle est la même envers les deux états belligérants.

Enfin il est des cas où une puissance, en s'écar-
tant des régles de la neutralité, promèt à l'une des
puissances belligérantes d'accorder à ses armateurs l'entrée, le séjour ou même la vente, en la refusant à
son ennemi, ou s'engage même à obliger celui-ci
de

t) Edit du Roi des deux *Siciles* 1778. art. 5.   Edit du
   Pape 1779. art. 8. Mais quelles sont les loix d'après
   les quelles ces cas seront jugés? il ne s'agit pas ici de
   ceux où on impute à l'armateur d'avoir violé la jurisdiction maritime de l'état dans le quel il a conduit sa
   prise, cas alors les loix de celui ci devroient sans doute
   servir de norme; dans tous les autres cas il semble
   que ce ne sont ni les loix particulières du souverain
   qui juge, ni celles du Souverain de l'armateur qui doivent servir de base, mais le droit des gens universel
   ou général, ou les traités entre le Souverain de l'armateur et celui de la prise. Dans les traités entre la
   France et les *Prov. Unies* 1781. art. 4. et entre les *Prov.
   Unies* et l'*Amerique* 1782. il a été réglé que ces cas seroient decidés d'après les loix du Souverain de l'armateur.   Mais ces conventions furent faites lors d'une
   guerre commune.

u) Réglement de la *France* pour les Consuls étrangers
   8. Nov. 1779.

x) Réglement de la *Russie* de 1787.

de restituer la prise qu'il auroit faite et conduite dans
un tel port.   Ceci n'a guère lieu que pour le cas
d'une guerre commune, ou dans les traités avec les
Africains. γ)

§. 37.

Du jugement de ces prises.

Dans tous les cas où une telle Puissance ne pré-
tend par juger elle même de la legitimité de ces prises,
en permettant cependant qu'elles puissent rester et se
vendre chés elle, on peut considerer comme règle, que
l'armateur lors de son arrivée doit s'addresser au Consul z) de sa nation qui se trouve dans les lieux, et que
celui-ci doit recevoir les papiers, les depositions som-
maires, apposer le scellé à la prise, et après avoir envoyé le procès verbal et les pièces necessaires à son
souve-

γ) Traité entre la *France* et *l'Amérique* 1778. art. 1.   Traité
d'Alliance entre la *Grande Brétagne* et le *Portugal* de
1654.   Traité entre la *Prusse* et *l'Amérique* 1785. pour
le cas d'une guerre commune art. 19. 21.   Quelques uns
des traités avec les Africains n'accordent que généralement la permission de faire entrer et de vendre les
prises des sujets de la Puissance contractante, sans parler
de ce qu'on accordera à l'ennemi. p. e. Traité entre la
Suède et *Tunis* 1756. art. 9, entre la *Suède* et *Alger*
1729, entre la *Grande Brétagne* et *Maroc* 1750. art. 5.
1761. art. 5, entre la *Grande Brétagne* et *Tunis* 1762.
art. 3: d'autres promettent en même tems de défendre
l'entrée aux ennemis de la Puissance contractante, ou
de faire restituer à celle-ci les biens que l'armateur
lui auroit enlevé. Traité entre les *Prov. Unies* et *Maroc* 1752. et 1777. art. 10. 11.

z) Règlement de la France pour les Consuls dans les places
etrangères 1779.

souverain ou au ministre qui a le departement de la marine doit, en attendre la decision, pour, en consequence, procéder avec autorité du magistrat du lieu à la vente de la prise ou à son relâchement. On peut considérer comme une exception bien particulière que la *Russie* confia 1787 à ses ministres accredités auprès des états qui bordent la méditerranée le droit de *juger* de ces prises en première instance toutes les fois que le capteur ne pourroit s'addresser sur le champ à la flotte Russe; sauf l'appel à celle-ci, et de là à la Cour Impériale. *a*) De même le Consul Anglois à Livourne a le droit de juger des Prises Angloises faites dans la méditerranée *b*) sauf l'appel aux commissaires du Roi.

§. 38.

Revocation des lettres de marque.

Le souverain qui a donné les lettres de marque a le droit de rappeller les armateurs et de revoquer leurs commissions toutes les fois qu'il le juge à propos *c*), soit dans le cours de la guerre, soit lors qu'une trève ou un traité de paix auroit été signé. A cette fin on envoye les ordres necessaires aux Propriétaires des vaisseaux armateurs pour les faire expedier à leurs commandeurs. En outre les vaisseaux du Souverain doivent en avertir les armateurs qu'ils rencontrent.

Dans le cours de la guerre ceci peut avoir lieu non seulement à cause d'une conduite reprehensible

des

a) Règlement de la *Russie* de 1787. art. 6. 8. 9. 16. 22. 23. 24.

b) GALLIANI *Recht der Neutralität* L. I. chap. 9. p. 171. note *).

c) Voyes sur la *Grande Bretagne* 17 Geo. II. cap. 7. St. 2. — 19 Geo. III. cap. 67. St. 5.

des l'armateurs, mais même toutes les fois que l'interêt de la guerre semble exiger *d*) de les faire revenir jusqu'à nouvel ordre. Dès que ce rappel, leur est parvenu, ou que le terme qu'on a coutume d'y prescrire *e*) est écoulé, ils perdent le droit de faire des prises légitimes, et dans le prémier cas ils sont punissables; cependant d'après les loix de *l'Angleterre*, si cette suspension de leur commission est levée dans la suite, les prises qu'ils auront faites durant la suspension, sont legitimes. *f*)

La trêve generale ainsi que le traité de paix font cesser tout droit d'exercer les hostilités, de sorte que toutes les prises qui auroient été faites depuis, même par ignorance de la signature du traité, devroient être restituées. *g*)   Mais soit pour ne pas ralentir le zèle des armateurs lors d'une apparence de paix, soit pour avoir fait l'experience que ces restitutions donnent lieu à de nouvelles disputes, lorsqu'on vient de terminer à peine les anciennes, on est quelque fois convenu dans les traités de paix que la restitution des prises faites après la ratification du traité, n'auroit lieu, qu'en tant qu'elles seroient faites après certaines epoques differement fixées d'après la diversité des distances

d) Voyés p. exemple de la part des *Etats-Generaux* Plac. du 10. Juill. 1606, du 6. Janv. 1691, 28. Mars 1695.

e) Voyés p. e. pour *l'Angleterre* 19 Geo. III. c. 67. St. 5. 6.

f) 17 Geo. III. cap. 6. 19 Geo. III. cap. 67. St. 7.   Il semble que ceci ne doit être entendu que des prises qu'ils auroient faites avant d'avoir été informés du rappel, sans quoi cette jurisprudence seroit fort extraordinaire; elle recompenseroit le crime.

g) VALIN *traité des prises* p. 67.

ces en Europe et hors de l'Europe. *h*) Il est sous entendu cependant, que si l'armateur est informé plustôt
du traité, il n'a plus aucun droit de faire des prises,
et que s'il en fait, il doit les restituer. *i*)

§. 39.

Passage au chapitre suivant.

Quoique dans la règle toute prise légitimement
faite soit adjugée à l'armateur, il est des cas où il doit
restituer en tout ou en partie ce qu'il auroit même
légitimement enlevé à l'ennemi; c'est ce qui a lieu
quelquefois lors d'une reprise; et c'est dont nous allons
nous occuper plus en detail dans le chapitre suivant.

h) C'est ainsi que par l'art. 25. du traité préliminaire de
1762 entre la *Grande Bretagne*, la *France* et *l'Espagne* il
fut reglé: que seulement les vaisseaux pris dans la Manche
et dans les mers du Nord après l'espace de douze jours
après la ratification seroient restitués, que le terme
seroit de 6 semaines pour les prises faites depuis la
Manche jusqu'aux iles Canaries, de 3 mois de là jusqu'à la ligne Equinoctiale et de 6 mois au de là. Cette
même disposition se trouve dans l'art. 28. du traité préliminaire de 1783. entre la *France* et la *Grande Bre-*
tagne et dans l'art. 10. des prélim. avec *l'Espagne.*

i) Valin l. c. p. 47.

Chapitre III.
Des Reprises.

Section I.
Principes du droit des Gens universel ou sujet des reprises.

§. 40.

Notion des Reprises.

Une prise enlevée à l'ennemi qui l'avoit faite, s'appelle *reprise*, ou *récousse a*), et celui qui l'enleve, le *repreneur*. Ce repreneur est-il obligé de restituer sa reprise au propriétaire? — C'est là la question principale à résoudre à l'égard des reprises; du reste elles doivent se juger d'après les mêmes régles que les prises, quant au droit de les faire, et à la légitimité des procedures. Il s'offre ici une multitude de cas dont la diversité peut influer sur la decision.

La reprise peut se faire, ou

1) par quelque vaisseau du Souverain qui fait la guerre, ou

2)

---

a) En Anglois *recapture*, en Espagnol *recobro*, en Hollandois *hernoomen Schepen*, en Latin *recuperatio* en Allemand on dit généralement: *Wiedereroberung* ou: *Wiedernehmung*.

2) par un ou plusieurs vaisseaux de particuliers, ou

3) conjointement par l'un et l'autre, ou

4) par l'équipage du vaisseau même qui avoit été pris.

Le vaisseau repris ou sa cargaison, ou l'un et l'autre, peuvent avant d'avoir été pris par notre ennemi avoir appartenu ou

1) au souverain au nom du quel se fait la reprise, ou à ses sujets, ou

2) au souverain ou aux sujets d'une tierce puissance, laquelle peut être ou a) neutre, soit seulement vis-à-vis de nous, soit vis-à-vis des deux Puissances belligérantes, ou b) auxiliaire, ou c) alliée en forme du souverain de celui qui fait la reprise.

La prise peut être légitime et la reprise aussi, ou l'une ou l'autre, ou toutes les deux peuvent être illégitimes, soit par le defaut de droit de celui qui les a faites, soit pour avoir été faites contre les loix de la guerre.

§. 41.

Des principes d'après lesquels on doit juger des reprises.

Cette variété de cas offre une multitude de questions, dont, d'après ce qui a été dit au sujet des prises en general, c'est dans la règle le souverain du recapteur qui a le droit de juger. Mais quelles sont les normes qu'il doit suivre à cet égard?

Si la reprise appartenoit à ses propres sujets, nul doute que la question ne doive se décider d'après les loix du pays; l'armateur, fût-il même étranger, doit, quant à ses expeditions, respecter les loix du souverain du quel il tient sa commission, ou ses lettres de marque.

Mais lorsque les reclamans sont étrangers, ceux-ci n'étant pas tenus aux loix du pays, on ne peut decider *contre* eux, que d'après les traités, les usages, ou au defaut de ceux-ci, d'après les maximes du droit des gens universel. *b*) Cependant rien n'empêche de donner *en leur faveur* une loi qui étende sur les étrangers les avantages accordés aux propres sujets du pays, soit par un simple effet de la bonne volonté du Souverain, soit par une suite des obligations contractées envers les Puissances étrangères.

Dès qu'il existe une telle loi, promulgée, ou une telle convention *signée* anterieurement au cas qui se presente *c*), l'application qu'on en fait à celui-ci est

un

b) Ce principe a été bien clairement énoncé et reconnu de la part de l'Angleterre dans sa reponse au Roi de Prusse au sujet des plaintes formées par celui-ci contre les armateurs Anglois après 1744. Voyés *Reponse du Duc de Newcastle* à Mr. MICHELL et les autres écrits que j'ai cités dans mon précis du droit des gens T. I. §. 80. note *b*).

c) Quoique d'après notre droit des gens les traités et les conventions des nations ne sont censées obligatoires qu'en tant quelles ont été ratifiées, si cette ratification a lieu, c'est du jour de la signature que leur obligation commence, et c'est d'après celui-ci qu'on les doit juger. Ceci suit des principes naturels du mandement. Un traité conclu en vertu de pouvoirs suffisans a acquis sa perfection par le consentement des mandataires; dès lors il ne scroit pas permis de refuser la ratification; et cette ratification ne sert que de temoignage

un simple acte de justice. Mais si an defant d'une telle norme on vouloit accorder à l'étranger des avantages auxquels ils n'a point droit de pretendre, ce ne seroit plus un acte de justice; ce seroit un acte de grace, qui passéroit les bornes du pouvoir judiciaire, et ne pourroit avoir lieu au préjudice des droits d'un tiers.

H 3   §. 42.

moignage public que le mandataire a agi conformement à ses ordres; elle donne à la convention un effet rétroactif an jour de sa date. Voyés observations de Mr. MIRBECK dans HENNINGS *Sammlung* T. II. p. 210. Envain Louis XIV. révoqua-t-il en doute ce principe contre les Hollandois pour les obliger d'etendre leur garantie des possessions actuelles, étipulée par le traité de 1662, sur le port de Dunkerque, acquis par la France après la signature de ce traité, mais avant la ratification. *Memoires du Comte* D'ESTRADES T. II. p. 47. 55. 66. 80. Ce principe est devenu interessant lors de la fameuse recousse de 40 navires Hollandois pris pas les Anglois à *St. Eustache* et repris par une escadre Françoise le 4. May 1781, trois jours après la convention entre les deux Puissances touchant les reprises, signée le 1. May et ratifiée le 27. du même mois. Il en sera parlé plus au long en son lieu §. 61.

De l'autre côté ce n'est aussi que du jour de la signature du traité qu'il peut être obligatoire pour les Puissances contractantes. Les negociations qui l'ont précédées, quelque avancées qu'elles aient pu être, ne renfermoient encore rien d'obligatoire, dumoins tant qu'on n'avoit pas consenti de bouche des deux côtés, et alors on ne tarde guère de coucher par écrit ce qui est arrêté. Cette consideration est devenue importante dans le procès illustre élevé au sujet de la recousse le *St. Jago*, dont il sera parlé plus bas §. 65.

§. 42.

Des droits que la Prise procure au Capteur.

D'après le droit des gens universel, la question si la reprise doit être restituée à l'ancien propriétaire semble dependre essentiellement d'une autre, savoir: si le capteur est devenu le propriétaire plenier de la prise, à *l'extinction totale* des droits du premier propriétaire. En admettant qu'il le soit, il n'y auroit plus d'obligation parfaite et externe pour le recapteur de restituer un bien qui est devenu celui de l'ennemi, et sur lequel l'ancien propriétaire a cessé d'avoir des droits. Il y auroit bien mille raisons d'équité à ne pas s'enrichir des dépouilles de son ami, ou de son concitoyen, et ces raisons pourroient autoriser le legislateur à préscrire la réstitution de la reprise, mais alors cette réstitution ne seroit plus de droit naturel rigoureux ou externe; Celui-ci ne sait pas faire revivre ce qui n'est plus, et la fiction du droit de postliminie proprement dit est d'institution positive.

Mais si au contraire la reprise n'est pas encore devenue la propriété de l'ennemi capteur, si les droits de l'ancien propriétaire n'out pas cessés d'affecter la chose dont il a perdu la possession, on ne pourroit douter que la réstitution ne dût se faire, soit à l'ami, soit au concitoyen, sauf l'obligation de rembourser les frais de la reprise. On n'a pas besoin pour cela d'un droit de postliminie.

On sent donc, combien il importe pour pouvoir bien juger des reprises, d'établir les vrais principes au sujet des droits que la prise procure au capteur, et quoique presque tous les auteurs du droit naturel se

soient

soient étendus fort au long sur cette matière, je ne crois pas qu'il soit inutile de m'en occuper ici; la variété même des opinions à cet égard semble prouver que la question est douteuse.

§. 43.

Diversité des opinions des auteurs à cet égard.

Nombre d'auteurs celebres *d*), en prenant la plus-part le droit Romain pour égide, établissent, quoiqu'en choisissant differentes tournures, comme principe incontestable du droit naturel, que le droit de la guerre accorde au vainqueur un droit de propriété plenière sur les biens qu'il enlève à l'ennemi: *quod occupatio bellica sit modus acquirendi dominium*, et en partant de ce principe ils examinent: depuis quand cette propriété doit être censée acquise. C'est sur cette question qu'ils se partagent en plusieurs opinions differentes.

1) Les uns enseignent que pour achever l'occupation et pour acquerir la propriété il faut que la prise aïe été conduite, ou dans un port ou havre de notre dependance, ou au milieu d'une flotte *e*); soit en

H 4

provo-

d) GROTIUS *de iure belli et pacis* Liv. II. chap. 7. §. 2. Liv. III. chap. 6. §. 1.   PUFFENDORFF Liv. IV. chap. 6. §. 12. 14.   Cependant PUFFENDORFF convient qu'on ne jouit d'une propriété entière et bien assurée des choses prises à la Guerre que quand l'Ennemi qui en a été depouillé, renonce *par un traité* de paix à toutes ses pretensions. C. v. BYNKERSHOEK *Quaest. iuris publ.* Liv. 1. chap. 4.   VATTEL T. II. Liv. III. chap. 9. 13. 24; ce dernier a presque entièrement adopté les idées de GROTIUS.

e) GROTIUS Liv. III. chap. 9.   BYNKERSHOEK l. c. Liv. I. chap. 4.   VATTEL l. c. chap. 13.

provoquant au principe, que pour devenir propriétaire
il faut être en état de defendre sa propriété, on surtout, que l'ancien propriétaire commence dèslors à de-
sesperer de la recouvrer, soit en s'efforcant d'appuier une proposition de droit naturel des textes de
loix Romaines, parmi lesquelles ils tâchent d'accorder le mieux qu'on peut le *statim* de l'une *f*), avec
l'inter praesidia de l'autre. *g*)

2) D'autres *h*) jugent que dès le moment où la prise
a été faite, et avant même qu'elle ait été conduite
dans un lieu de sûreté, le capteur en devient le
propriétaire, et que dès lors tout espoir de l'ancien
maitre, que la prise revienne à lui, est évidemment chimerique.

3) D'autres encore, semblent faire passer pour principe
universel ce que quelques puissances de l'Europe
ont introduit, savoir: que le droit de l'ancien propriétaire est éteint et la propriété acquise au capteur,
lorsque cette prise a été 24 heures entre ses mains;
mais comme il sera parlé plus bas des principes du
droit des Gens positif, et qu'il seroit évidemment
absurde de faire passer la fixation arbitraire d'un
nombre d'heures pour un principe de droit naturel,
d'après lequel rien ne se fait par le tems, quoique
tout se fasse dans le tems, il seroit inutile de s'arrêter à cette opinion; d'ailleurs elle n'est due qu'à
                                                    ce

f) §. 17. *Inst. de rerum divis.* comp. avec L. I. §. 3. D.
    ad leg. Falcid. L. 105. D. *de solutionibus.*

g) L. 5. §. 1. D. *de capt. et postlim.*

h) Chev. D'Abreu *traité des prises* P. I. chap. 3. Weskett
    theory of insurances p. 423. Burlamaqui *droit Politi-*
    que p. 607. n. 16. Luzac sur Wolf §. 1204.

ce que bien des auteurs oublient d'avertir le lecteur
si c'est du droit naturel, du droit Romain, ou des
usages de quelques nations qu'ils parlent; aucun d'eux
n'a je crois hazardé d'énoncer clairement, que le principe des 24 heures est une principe de loi naturelle.

4) On pourroit ajouter encore une quatrième opinion
autrefois suivie en Angleterre, mais abandonnée en
faveur des armateurs. Celle de ne considerer la propriété de la prise comme éteinte et acquise au
capteur, que lorsqu'elle lui a été adjugée.

§. 44.

Opinion de l'auteur sur ce point.

S'il ne s'agissoit que d'une simple spéculation
sur la loi naturelle, on pourroit bien élever encore des
doutes spécieux sur le premier principe duquel toutes
ces opinions partent, savoir: que le droit de la guerre
accorde au capteur un droit de propriété pléniére *à
l'exclusion totale du premier propriétaire;* plusieurs
auteurs *i*) ont avant moi senti ces doutes sans les de-
velopper, et quoiqu'il est à prévoir qu'on ne quittera
jamais en Europe une théorie que la politique a introduite une fois, je me permettrai d'exposer en ab-
brégé les argumens du principe opposé, mais sans dans
la suite les prendre pour base, afin de ne pas tomber
dans une théorie infructueuse.

H 5

La

---

i) Cocceius *de postliminio in pace* Sect. 2. §. 5. Leyser
med. ad Dig. sp. 659. med. 2. 3. Il semble même qu'on
doit ranger Puffendorff au nombre des auteurs qui
ont assés clairement énoncé les doutes contre la propriété acquise par le droit de la guerre.

La guerre suspend l'effet de la propriété entre ennemis. Le droit qu'elle nous accorde de nous procurer la satisfaction que nous jugeons nous être due, d'affaiblir* l'ennemi pour l'obliger à nous l'accorder, nous autorise à lui enlever autant de biens que nous jugeons necessaire pour cette fin, d'en disposer d'après notre gré, et comme le pourroit le propriétaire, soit en nous en servant pour notre usage, soit en altérant leur substance, soit en cédant à quelque autre le droit que nous avons acquis sur eux, en tant qu'il est susceptible de cession; ceci n'est pas contesté. Mais ce droit peut il se considerer comme propriété plenière, à l'exclusion de tous droits du premier propriétaire? voila la question à resoudre.

Pour que nous puissions devenir propriétaires d'un bien jusqu'ici apartenant à autrui, il faut que celui-ci cesse de l'être, car il n'est pas question ici d'une propriété acquise en commun. Or la propriété légitimement acquise ne se perd que

1) par le delaissement simple ou par cession;

2) par le déperissement total de l'objet de la propriété;

3) par une telle perte de possession que tout espoir raisonnable de la recouvrer s'évanouit, et qu'il ne reste plus de trace de notre ancien droit.

On sent qu'aucun de ces cas n'est l'effet de la *rupture* entre deux puissances, et qu'il seroit absurde de soutenir que dès lors les biens de l'ennemi deviendroient *res nullius. k*) Le propriétaire d'un vaisseau

en

k) Aussi les iurisconsultes Romains étoient ils beaucoup trop éclairés pour avoir jamais soutenu cette thèse, et si quelques glossateurs la leur ont prêtée, c'est pour avoir mal interprêté la loi L. 1. §. 1. D. *de acquir. vel amitt. possessione.*

en conserve la propriété plénière jusqu'au moment où dans le cours d'une guerre l'ennemi l'attaque. Lorsque celui-ci s'en empare, il n'y a ici ni délaissement ni cession du propriétaire, à moins de supposer le cas extraordinaire où le maitre du navire et des marchandises se trouvant présent, se rendroit librement à l'ennemi; on peut accorder alors qu'il cede sa propriété. Mais on sait que ces cas sont rares; ou pour mieux dire qu'ils n'existent point en tems de guerre, où toutes les cessions ne sont que provisoires c. a. d. sauf les dispositions du traité de paix futur. D'ailleurs le plus souvent le propriétaire ignore le fait et la commission du capitaine ne l'autorise par à l'aliénation du vaisseau et de la cargaison *l*), de sorte que pour le propriétaire il n'y a ici qu'une perte involontaire de possession. Peut'on dire qu'elle soit accompagnée de la perte de tout espoir de la recouvrer? non sans doute au premier moment où la capture se fait, et où souvent la possession de l'ennemi est encore fort équivoque; mais supposé même qu'elle ait été conduite dans un port ou au milieu d'une flotte, l'espoir de recouvrer la possession s'éloigne mais il ne se perd pas, tant que le droit de reprendre subsiste, lequel ne se termine qu'au moment de la paix. Il ne devient pas dumoins évidement chimerique, comme le prouve la multitude des reprises. Ce n'est pas le cas de l'oiseau qui a repris sa liberté. *m*) On peut même dire que le souverain en

vertu

l) Si l'on voudroit supposer une telle cession, toute question relative au tems qu'il faut qu'elle soit entre les mains de l'ennemi deviendroit inutile.

m) L'oiseau qui s'envole ne conserve dans la règle aucune trace de ma propriété qui pourroit empêcher un autre

de

vertu de la protection qu'il doit à ses sujets, est obligé à faire des efforts pour leur faire recouvrer leur propriété, quoique cette obligation soit tellement subordonnée aux interêts majeurs de la guerre, qu'on en voit rarement les effèts.

Moins encore la seule espace plus considerable du tems pendant léquel la prise se trouve entre les mains de l'ennemi peut-elle éteindre naturellement les droits du propriétaire. La préscription fût-elle même de droit naturel, ne seroit pas applicable au cas dont il s'agit.

On accorde ceci quant aux conquêtes, dont la propriété n'est censée éteinte pour l'ancien maître qu'au moment où elle est cedée par la paix *n*); on ne veut point l'accorder quant aux biens meubles; mais sur quel principe *de droit naturel* veut on fonder cette differen-

de l'occuper. Supposé qu'il les conserve, on peut douter si la loi naturelle éteint entièrement mes droits sur lui, lors qu'il a regagné les bois. Mais en l'accordant même, il y a cette difference, que l'impossibilité où je me vois de reprendre l'oiseau, dont j'ignore absolument la retraite, peut me faire renoncer à mes droits; je sais au contraire, dans la règle, où la prise se trouve, et si les forces de mon ennemi sont infiniment superieures aux miennes, cette même association des hommes en états qui rend ces forces de l'ennemi si preponderantes à celles d'un individu, m'autorise à recourrir à mon souverain. Ceci a évidement lieu dans le cas des répresailles; les guerres sont des represailles générales.

n) Voyés les actes entre l'Angleterre et la France au sujet de l'achàt de Dunkerque dans les memoires du comte D'ESTRADES T. I. p. 346.

difference? est-ce sur la qualité loco-motive des biens meubles — qu'a-t-elle à faire avec les droits de propriété? une chose change-t-elle de maitre en changeant de place? est-ce sur la presomtion que l'ennemi ne reviendra pas à la charge pour sauver un bien meuble, comme il ferait pour sauver une conquète, que le propriétaire aiant perdu l'espoir de recouvrer on doit présumer qu'il ait abandonné sa propriété? je reponds que cette presomtion est souvent mal fondée et qu'elle n'équivaut aucunement à un abandon. On peut même reserver ses droits pour l'époque des negociations.

Le navigateur qui pour échapper à la mort jette une partie de ses biens dans la mer, a souvent moins d'espoir d'en recouvrer la possession, que le propriétaire n'a de recouvrer celle de sa prise, mais il n'est pas censé les abandonner, et si un heureux hazard fait sauver ces biens des mains de ce cruel ennemi, ils doivent lui être restitués. *o*)

J'ai parlé jusqu'ici de la guerre sans égard à sa legitimité. On accorde qu'un ennemi illégitime, qu'un pirate ne devient jamais le propriétaire de sa prise, aussi peu que le voleur le devient de l'objet de son vol, mais on veut qu'un ennemi légitime le devienne par le droit d'occupation "*quod occupatio bellica sit modus acquirendi dominium.*"

Il

---

o) On vante l'humanité des Puissances de l'Europe qui ont aboli le droit de naufrage; mais le droit de recousse est pour le moins tout aussi cruel, sans être plus philosophique. Cette observation a deja été faite par Mr. Sollicoffre dans son memoire contre le droit de recousse, que je suis faché de ne connoitre que par les extraits qu'en a donné Linguet dans ses *annales politiques* T. VI. p. 115. et suiv.

Il y a sans doute une difference essentielle entre les deux cas. Le pirate, le brigand, n'a point de titre légitime pour acquerir, il blesse le droit naturel vis-à-vis du propriétaire qu'il depouille, il est perpétuel-lement tenu à lui donner satisfaction et le premier point de satisfaction c'est de lui restituer son bien. L'ennemi légitime, autorisé à enlever le bien ennemi, n'a point de satisfaction à lui donner ; il peut ne-gliger les égards qu'il doit en tems de paix aux droits du propriétaire; rien ne l'empêche de pouvoir disposer de sa prise comme le pourroit celui-ci, et ce droit dure jusqu'à ce qu'à l'époque de la paix il se change en propriété par cession, ou bien que le Capteur consente à restituer. On peut même dire qu'il seroit alors obligé de restituer s'il a déja d'ailleurs obtenu son entière satisfaction par le traité de paix, et que la prise ne lui est cédée ni expressement, ni tacitement ; mais on sent qu'il seroit impossible d'appliquer ce principe, la satisfaction due ne pouvant se calculer exactement.

Ces droits qu'une guerre, pour être légitime, accorde au capteur, n'empêchent pas que le proprié-taire, quoique destitué de possession, ne soit autorisé de faire valoir sa propriété, non seulement en l'enlé-vant à l'ennemi, ce qu'il pourroit même en conside-rant celuici comme propriétaire, mais en la reclamant. Il seroit envain de la reclamer de l'ennemi, qui d'ailleurs pourroit lui opposer son droit de possession, mais il peut la réclamer d'un tierce possesseur au quel l'ennemi l'auroit cedée dans le cours de la guerre.

La pluspart de ceux qui defendent l'opinion contraire semblent avoir suivis sans s'en appercevoir,

les

les principes établis par le droit Romain qui porte:
que tandisque pour l'acquisition de la propriété il faut
un titre et un mode d'acquerir, quant aux biens enlevés à l'ennemi, le droit de la guerre est le titre, et
l'enlévement le mode. Que le capteur réunissant ainsi
tout ce qu'il faut pour devenir propriétaire, le devient
effectivement, et que par conséquent les droits de l'ancien maitre s'éteignent. C'est considerer la chose d'un
côté, tandis qu'il faudroit manifestement la considerer
de deux. C'est avoir peu d'égard aux cas de collision
qui se presentent continuellement en tems de guerre.
Le capteur a sans doute un titre à l'enlévement du
bien ennemi. Il peut sans s'embarasser des droits du
propriétaire le detenir, dans le dessein de se l'approprier, tout comme il peut occuper des *res nullius* en
tems de paix. Mais suit il de là que l'effet de ces
deux actions soit le même en les applicant à des ob-
jects d'une condition si differente; que le droit de la
guerre seul et sans cession ou renonciation soit un titre suffisant de propriété pleniére? Le capteur peut
negliger les droits du possesseur, mais il n'est point
en son pouvoir de les éteindre, si ce n'est par déstruction, et cette déstruction même n'est pas permise indistinctement; ce n'est pas dumoins sur ce droit de
detruire qu'on peut fonder sa propriété, sans tomber
dans le cercle vicieux. Le propriétaire de son côté
ne peut pas considerer comme *infraction au droit des
gens* l'enlévement de son bien par un ennemi légitime.
Mais suit il de là, qu'il soit obligé à lui ceder son
droit de propriété? Pour établir cette obligation il
faudroit qu'il se persuade, que la satisfaction pour laquelle on lui fait la guerre soit due à l'ennemi; mais

alors

alors il ne seroit point autorisé à lui opposer ses armes, il devroit lui accorder ce qu'il exige, et il n'y auroit plus de guerre. Le principe qui veut que toute guerre de nation à nation soit dans la régle censée légitime, doit s'appliquer également aux deux parties et même ce principe n'est que négatif, savoir: qu'aucune des deux puissances belligérantes ne peut, en cas douteux, punir l'autre, en taxant d'illégitimes ses hostilités.

Je ne vois point de contradiction à dire, que l'ancien possesseur conserve son droit de propriété *p*), mais que le capteur de son côté a le droit de disposer de sa prise comme le pourroit le propriétaire, quoique sans jouir d'une propriété effective. Ce cas n'est pas le seul où le possesseur peut disposer librement d'une chose, bien que le vrai propriétaire conserve son droit.

Le possesseur de bonne foi peut disposer d'une chose comme le pourroit le propriétaire, tant qu'il ne le connoit pas. Mais celui-ci existe et peut faire valoir ses droits. Le capteur n'ignore pas il est vrai que la prise a un maître, mais il est autorisé par le droit de la guerre à en negliger les droits. Ce droit de la guerre qui lui est personnel n'étant pas susceptible de cession ne sauroit passer sur un tiers qui fait l'acquisition de la prise durant la guerre, et rien n'empêche le propriétaire de faire valoir ses droits contre celui-ci.

Si

---

p) Si au lieu de dire que l'ancien propriétaire conserve sa propriété, on préfere de dire qu'elle repose, ceci peut s'accorder sans difficulté. Mais une propriété qui repose existe, et on ne dispute alors plus que des mots.

Si ces principes sont justes il en resulte: *que d'après la loi naturelle, sans distinguer entre la conquête et le butin, ou la prise, le bien enlevé par l'ennemi, quelque légitime que cet enlèvement puisse être, quelque assurée qu'en puisse être la possession, ne devient sa propriété plénière qu'au moment de la paix, et que pendant tout le cours de la guerre il peut être reclamé par le premier maître des mains de tout tiers possesseur.*

§. 45.

Opinion de l'auteur sur les reprises.

Si l'ancien propriétaire est en droit de reclamer sa propriété des mains d'un tiers sur lequel le capteur s'est efforcé de transporter ses droits par une cession *volontaire,* ceci doit paroitre moins douteux encore lorsqu'un tiers enleve cette prise à l'ennemi *contre le gré de celui ci,* ce qui est le cas de la reprise. Si les droits de l'ancien propriétaire sont encore fondés sur cette reprise, ce n'est *qu'affectée de ceux-ci qu'elle peut passer entre les mains du repreneur;* et le droit de la guerre seul autorisant le capteur à frustrer le propriétaire de sa possession, le repreneur, qui ne peut ni recevoir plus de droits du capteur que celui-ci n'avoit, ni faire valoir le droit de la guerre contre ses propres sujets ou concitoyens, ou contre les sujets d'une puissance neutre ou alliée, doit rendre à la reclamation de l'ancien maitre un bien dont celui-ci n'a pas cessé d'avoir le droit de propriété. Que ce soit le Souverain ou quelqu'un de ses sujets qui aie fait la reprise, peu importe d'après la loi naturelle. Dans le premier cas il n'y a qu'une obligation de plus encore à restituer,

tuer, fondée sur la protection que tout souverain doit
à ses sujets.

Tout ceci auroit lieu à plus forte raison et par
d'autres motifs encore, en supposant que la prise ou
que la reprise ou que l'une et l'autre soient *illégitimement* faites. Il y auroit cependant une distinction entre
ces deux cas. C'est que si la reprise est légitime, le
repreneur n'étant pas obligé de faire des fraix et de
subir quelque danger pour sauver le bien d'autrui,
d'enrichir un autre à ses depends, est sans doute autorisé à demander du propriétaire, qu'il l'indemnise des
fraix et dommages qu'il a soufferts en sa faveur; il
peut retenir jusques là un bien qui n'est restitué au
propriétaire que par ses efforts. Il le peut, quand
même la prise auroit été faite par un pirate, ou contre
les loix de la guerre.

Mais au contraire, si lui même il a fait la reprise d'une manière illégitime, il n'a aucune indemnisation à reclamer. Son crime l'en empêche; les fraix
et dommages qu'il encourt sont une suite de son en-
treprise illicite; il ne peut s'en prendre qu'à soi même
de les avoir essuïé.

Ce raisonnement conduiroit au principe general:
*Que toute reprise, faite à une époque quelleconque
de la guerre, soit que la prise ait été légitime, soit
qu'elle ait été illégitime, soit que la reprise se fasse
par le Souverain, soit qu'elle se fasse par un armateur, doit être restituée à l'ancien propriétaire
quelconque, moyennant une juste rétribution des fraix
et dommages du repreneur quelconque, à moins que*
l'illégiti-

l'illégitimité de la reprise ne prive le repreneur du droit de demander une indemnisation.

§. 46.

Application des principes reçûs au sujet des prises, aux reprises.

J'ai dejà prévenu que les idées que je viens d'énoncer sont en partie diamétralement contraires aux principes proferés par la pluspart des auteurs, et suivis dès longtems en Europe; et tandis qu'il est destitué de toute probabilité qu'on veuille quiter le systeme, en vertu du quel on regarde le capteur comme le propriétaire de sa prise, pour en adopter un autre qui ne seroit pas exemt d'inconveniens, je croirois faire un ouvrage assés inutile si dans la suite de cet essai je voulois prendre pour base une théorie si peu reconnue. Je me contente donc d'avoir proposé des doutes qui ne semblent pas indignes de toute attention; et j'avertis le lecteur, pour éviter tout mésentendu, et tout soupçon de contradiction, que je les quitte maintenant en épousant le principe contraire, adopté en Europe: que le vainqueur devient le propriétaire de sa prise; et en partant de là, j'examinerai quelles sont les suites naturelles qui en découlent à l'égard des reprises.

Il ne sera pas necessaire de répéter ce qui a été dit plus haut au sujet de la restitution des vaisseaux dont la prise ou la reprise auroit été faite illégitimement, vû que ces principes sont independans de ceux qu'on adopte à l'égard de la propriété acquise par le seul droit de guerre. Dans aucun cas une telle

prise

prise ne peut devenir la propriété du capteur, ni une telle recousse illégitime celle du repreneur, et même quelque légitime que soit la recousse le vice qui affecte la prise empêche le recapteur de l'acquérir, *tant qu'il est question du droit naturel;* car nous verrons dans la suite qu'à l'égard de ce dernier point quelques loix se sont écartées de ces principes.

Supposé donc qu'on se persuade que le preneur acquiert par le droit des Gens universel la propriété de sa prise, il paroit d'abord quelle ne pourroit être censée commencer que du moment où il l'a conduit en lieu de sureté, soit dans un port ou havre à l'abri d'hostilités, soit au milieu d'une flotte, ce qui, comme il a été dit plus haut, est conforme au sentiment de Grotius Puffendorf Bynkershoek et à celui d'une multitude d'autres auteurs. Il semble que c'est là ce qu'il faut pour achever la prise de possession; que généralement parlé dans les premiers moments où la prise étoit faite, la possession en est encore trop mal assurée, et qu'il est impossible de parvenir par le simple droit des gens à fixer le nombre d'heures après lesquelles l'acquisition sera censée consommée, qu'enfin le terme où la prise seroit adjugée au capteur n'est pas décisif d'après le droit des gens absolu, et qu'il n'est applicable qu'à des prises qui sont soumises à un jugement, dont la necessité est d'institution positive.

Lors donc qu'un vaisseau pris seroit repris avant que le capteur en auroit tellement consommé l'occupation qu'il en puisse être jugé le propriétaire, il est evident, que l'ancien maitre ayant encore conservé ses droits, on ne pourroit lui refuser la restitution,

sans

sans le depouiller de son bien, ce qui peut être aussi peu permis à des repreneurs particuliers, qu'au souve-verain, aussi peu par rapport aux concitoyens ou sujets du repreneur, que par rapport aux sujets, ou états neutres, amis ou alliés; de sorte que dans ces cas, soit que la reprise ait été faite par des vaisseaux du Souverain, soit qu'elle ait eu lieu par des particuliers, autorisés à cet effet, ou conjointement par tous les deux, la restitution au propriétaire devroit avoir également lieu, que celui-ci soit sujet du souverain, au nom du quel la reprise se fait, ou qu'il soit neutre, ami ou allié,

Cependant dans tous ces cas le repreneur est en droit de demander une retribution, qui d'après les principes du simple droit naturel ne pourroit pas se fixer à une quote part de la valeur de la reprise; elle devroit être proportionnée aux fraix, aux dommages et aux dangers encourrûs pour la faire.

Mais, si d'après le principe adopté le vaisseau avant d'être repris seroit déja devenu la propriété du capteur, on doit accorder que sous les mêmes conditions il devient la propriété du repreneur, de sorte que les droits du capteur expirent, et que ceux du premier propriétaire étant censés perdus par la prise, ils ne sauroient revivre *ipso iure* en vertu d'une occupation faite par un autre. Que généralement parlé il peut être aussi peu question pour lui de vouloir revendi-quer sa propriété éteinte, que d'exercer un droit de retrait, lequel suppose toujours des loix positives, sans lesquelles aucun propriétaire n'est tenu de vendre son bien à personne.

Il importe cependant d'examiner sur ce point la diversité des cas qui peuvent se présenter, d'après les diverses qualités du recapteur, et de l'ancien propriétaire. En voici les principaux.

§. 47.

Des reprises appartenantes aux concitoyens du
repreneur.

Si 1) le *propriétaire* est lui même le repreneur; il n'y a point de difficulté de lui attribuer la propriété, quelle que soit l'époque où il fait la reprise; on peut demander seulement s'il l'obtient par droit de postliminie, ou par le droit d'une nouvelle occupation. Suivant le principe que nous supposons actuellement il faudroit adopter le dernier. *q*) On ne confondra pas cependant avec ce cas, celui où la reprise a été faite, non par le propriétaire, mais par l'équipage du vaisseau pris. L'équipage a une obligation naturelle et un intérêt propre de défendre son vaisseau contre l'ennemi, et s'il le peut, de le sauver de ses mains; cette obligation ne cesse pas lorsque la prise a été faite, quoique les loix de la guerre y puissent mettre d'autres bornes. Si donc l'équipage reussit à soustraire la prise

q) On a fort bien senti à quoi ceci mèneroit en l'appliquant à la réconquête des provinces, par rapport aux anciens droits constitutionels; c'est pourquoi on a constament soutenu, qu'à l'égard des réconquêtes les droits et les obligations de l'ancien souverain ne se terminent point par l'occupation de l'ennemi. Mais, je le repète, cette distinction entre les biens meubles et immeubles tient aux loix positives plus tôt qu'à la loi naturelle.

prise des mains de l'ennemi, cette reprise ne peut pas lui appartenir; il a travaillé autant pour lui même et pour ses gages que pour les propriétaires, et il doit la remettre entre les mains de ceux-ci, desquels il a droit d'attendre une gratification. *r*)

2) Si l'ancien propriétaire est *sujet* du souverain au nom du quel se fait la reprise. C'est le cas où la réclamation paroit être la plus spécieuse. Il est vrai que pour rester fidèle au système adopté de la propriété acquise par l'ennemi, en considerant comme éteinte celle du premier possesseur, la perte de celui-ci seroit à ranger au nombre des malheurs de la guerre, pour les quels le souverain dans la règle n'est pas tenu à un dedomagement; que la prise aiant deja commencé à faire partie des biens de l'ennemi, la reprise en procure la propriété au recapteur; de sorte que le Souverain pourroit, ou la garder au profit du fisc, ou l'attribuer à ceux qui ont fait la reprise; et par consequent aussi la promettre d'avance aux particuliers qu'il autorise d'armer en course, ou aux officiers auxquels il confie ses vaisseaux de guerre.

Cependant en accordant que ceci seroit le principe de droit rigoureux, il est dumoins bien dur que le Souverain, qui doit protèger ses sujets en tems de guerre comme en tems de paix, qui a même une obligation naturelle, quoique subordonnée à des objets plus pressans, de faire des efforts pour reprendre le bien de ses sujets sur l'ennemi, veuille s'enrichir de leur perte, et profiter de leurs malheurs, lorsque c'est par ses

I 4

propres

<hr>

r) EMERIGON *traité des assurances* T. I. p. 505. VALIN *traité des prises* p. 97.

propres vaisseaux que se fait la reprise. L'équité la plus manifeste, la plus généralement sentie, parle en faveur de cette restitution, sauf une gratification proportionnée pour les recapteurs. Il y a un argument de moins pour enjoindre cette restitution aux armateurs; ceux-ci n'ont pas la même obligation de protéger leurs concitoyens, bienque ce pretexte ait été employé plus d'une fois pour justifier, et même pour decerner les armemens en course; d'ailleurs les armateurs ne vivent que de leur butin; et cependant il repugne de les voir s'engraisser des larmes de leurs compatriotes.

§. 48.

Des reprises appartenantes à des étrangers.

3) Le *troisième* cas que l'on doit distinguer c'est lorsque l'ancien propriétaire des biens repris n'est pas de nos sujets, mais qu'il est *étranger*.

Il saute aux yeux qu'à moins d'une convention expresse, les sujets de puissances étrangères ne peuvent rien demander de plus, quant à la restitution des reprises, qu'on n'est obligé d'accorder aux propres sujets ou concitoyens du recapteur. De sorte donc que si l'on use du droit rigoureux en refusant la réstitution à ceux-ci après que la prise a été acquise en propriété par le capteur, cette restitution ne peut être exigée de droit dans un cas semblable par les états étrangers quelconques. Mais supposé qu'on ait adopté par les loix ou par l'usage une procedure plus humaine par rapport aux sujets ou concitoyens du repreneur, en leur accordant une restitution plenière ou partielle, même quand la reprise seroit faite après l'époque de la quelle

on

on dàte la propriété du capteur, et qu'on demande, si les sujets des puissances étrangères ont droit d'aspirer à ces mêmes avantages, lors qu'aucune loi, aucune convention expresse ne parle en leur faveur? Il faut alors distinguer *l'allié en forme* de *l'auxiliaire* et du *neutre.*

§. 49.

Des reprises appartenantes à des alliés.

Quant à *l'allié en forme* qui fait avec nous une guerre directe contre le même ennemi, cette guerre étant commune aux deux nations, il ne peut être considéré que comme formant une seule et même puissance avec nous dans ce qui a rapport à cette guerre, de sorte que, sans distinction entre les sujets de l'un et de l'autre, la reprise, faite après que l'alliance à été conclûe, doit être restituée d'après les mêmes principes qui sont établis par rapport à nos propres sujets, soit qu'il s'agisse d'un vaisseau de guerre pris et repris, lequel ferait partie de nos forces communes, soit qu'on suppose un vaisseau ou navire appartenant à des particuliers. Ceci paroit tellement fondé dans la nature de ces alliances qu'il n'est pas necessaire que dans le traité on aïe fait nommement mention du point des reprises. Cependant pour prevenir tout doute il peut être utile d'en convenir expressément, soit par quelque article du traité d'alliance, soit par une convention separée.

§. 50.

Des reprises appartenantes à des auxiliaires.

Il n'en est pas de même à l'égard du simple *auxiliaire*, qui, sans faire une guerre directe, se borne à

I 5

nous

nous envoyer à ses fraix des secours en troupes ou en vaisseaux, sans que par là il soit censé devenir l'ennemi de la puissance à la quelle nous faisons seuls la guerre. Il ne se joint à nous qu'à raison du secours qu'il nous envoye, et ce secours seul doit être traité hostilement. Si donc c'est un de ses vaisseaux auxiliaires qui, après avoir été pris par l'ennemi, seroit repris par nous, la restitution devroit se faire comme à l'allié en forme; mais si ce sont d'autres vaisseaux du souverain ou de ses sujets qui auroient été pris et repris, il semble qu'à la rigueur on ne puisse établir d'autres principes que ceux qui ont lieu vis-a-vis des sujets neutres; à moins de supposer des conventions.

Ceci s'étend à plus forte raison à ceux qui en vertu d'un simple traité de *subside* nous auroient loué une partie de leurs forces; mais ce cas n'est pas fréquent dans les guerres maritimes.

Dans les traités d'alliance *auxiliaire* s) et même dans ceux de subside, on insére ordinairement un article qui porte: que la puissance qui obtient le secours *garantira les états de l'autre contre toute hostilité qui pourroit avoir lieu en haine du traité conclû.* Mais il ne semble pas que cette garantie generale des possessions puisse s'étendre indistinctement à ce que les sujets individuels auroient perdu à l'occasion de cette guerre; La chose deviendroit plus douteuse si l'on pouvoit prouver, que depuis le traité la puissance ennemie a dirigée ses lettres de marque contre cet auxiliaire.

§. 51.

---

s) Qu'il me soit permis d'employer ce terme inusité, pour distinguer deux idées très differentes et souvent confondues sous la généralité du terme d'alliance.

§. 51.

Des reprises appartenantes à des sujets neutres envers nous.

S'agit il enfin de puissances *neutres*, on peut les considerer ou simplement dans leur qualité neutre *vis-à-vis de nous*, sans supposer qu'elles soient neutres aussi par rapport à nôtre ennemi, ou les considerer à la fois comme neutres vis-à-vis de nous et de lui; et cette distinction est essentielle pour juger des reprises; elle influe sur la légitimité de la prise. Le premier cas est rare, vu que le plus souvent il existe un concert quelconque entre deux états dont chacun fait la guerre à une même Puissance; mais il n'est pas sans exemple *t)* et s'il arrive que la puissance neutre vis-à-vis de nous est en guerre avec notre ennemi, et que celui-ci a fait une prise sur elle ou sur ses sujets, il semble qu'à considerer la chose dans la généralité, sans égard à des traités, et en partant du principe adopté, que l'ennemi lorsqu'il a achevé son occupation devient propriétaire à l'exclusion de l'ancien maître, il n'y a point d'obligation parfaite à restituer la reprise légitimement faite. Si la protection que nous devons à nos propres sujets nous oblige à faire des efforts pour leur faire recouvrer leur ancienne propriété, cette protection et ces efforts ne sont pas parfaitement dûs aux étrangers; et

ce

---

t) C'est ainsi que Philippe II. d'Espagne se trouva à la fois en guerre contre les Provinces unies des Pays-Bas et contre les Turcs, sans qu'entre ces deux ennemis il aie subsisté aucun concert. C'est ainsi qu'au commencement de l'année 1793 les François firent la guerre à la Grande Brétagne et à l'Espagne *avant* qu'entre ces deux Puissances il ait été contracté une alliance.

ce n'est pas nous enrichir de leur bien que de nous approprier ce dont d'après le principe sus-dit ils avoient deja cessés d'être propriétaires. Il est donc permis d'établir ici une inégalité dans la legislation, en n'accordant la restitution des reprises que lorsqu'elles ont appartenues à quelqu'un de nos sujets. L'exclusion des étrangers de cet avantage n'est pas une injustice; elle ne l'est pas même en établissant une inégalité de conduite envers plusieurs nations étrangères, en refusant à l'une ce que nous accordons à d'autres. Dans les deux cas elle est tout au plus une iniquité qui peut autoriser à la retorsion; Et c'est pour quoi que si la nation dont le sujet veut reclamer son bien chès nous, à introduit cette inégalité au désavantage des étrangers, nous avons un motif de plus pour nous refuser à sa reclamation, et ce dernier motif est suffisant par lui seul, supposé même qu'aux sujets d'autres nations nous accordions la restitution dans des cas semblables.

§. 52.

Des reprises appartenantes à des sujets, neutres par rapport aux deux Puissances belligérantes.

Toutefois, en accordant que la restitution d'une reprise puisse se refuser à un sujet neutre quant à nous, quoiqu'en guerre avec notre ennemi, lors qu'il n'y a point de conventions à cet égard, ceci suppose que la prise et la reprise aient été faites légitimement; et c'est pour quoi la chose change bien de face en supposant une reprise qui appartenoît à un état ou sujet neutre *vis-à-vis des deux Puissances belligérantes;* car si le droit de la guerre autorise notre ennemi

a

à prendre nos vaisseaux, il n'autorise par dans la règle
à prendre et à s'approprier les biens des puissances neutres, ce qui ne peut se justifier que dans les cas où à
cause d'un commerce illicite il y a lieu à *confiscation*
du navire ou de la cargaison; encore est-ce plûtot en
conformité de nos moeurs, qu'en vertu des vrais principes du droit des gens universel *u*), qui semblent se
borner à la simple detention. S'agit il donc d'un tel
vaisseau neutre pris par notre ennemi et repris par
nous, il semble qu'il faut d'abord distinguer s'il a déja
été condamné ou non dans les ports du preneur comme
bonne prise par une sentence prononcée en dernier
ressort.

Dans le premier cas, où la recousse est rare,
rien ne nous empêche d'acquiescer au jugement de
cette puissance, quoique étant notre ennemie, et de
refuser toute restitution à l'étranger. Nous ne sommes pas obligés alors *d'examiner* si cette sentence
étoit juste ou non. L'effet de celle-ci est que
la prise devient la propriété de l'ennemi, et si nous
la lui enlevons, ce n'est plus une recousse, c'est une
simple prise. Mais s'il n'a pas encore été prononcé,
ou pas prononcé en dernier ressort de la légitimité
de la prise, quoique l'occupation en aye été suffisament
faite, il semble que toujours cette reprise devroit être
restituée au premier propriétaire, soit en entier, soit
du moins tout ce qui s'y trouve n'être pas la propriété
ennemie. Si une puissance belligérante se permet de
confisquer les marchandises de contrebande, destinées
pour l'ennemi, bienqu'elles seroient encore propriété

neutre

u) V. m. *Précis du droit des gens* P. II. §. 270. et traité
entre la Prusse et l'Amérique 1785. art. 13.

neutre, ceci n'est pas proprement *occupatio bellica*, elle les retient, pour empecher qu'elles ne renforcent pas son ennemi, et si elle croit pouvoir les confisquer, c'est pour ôter aux sujets neutres l'envie de faire ce commerce. Si elle confisque les vaisseaux neutres destinés pour le port ennemi c'est encore dans les mêmes vues. Mais nos vues sont opposées aux siennes, et il seroit peu naturel pour nous d'y entrer.

Mais si une fois on veut s'ecarter de cette théorie, tout revient à la question: si le navire étoit confiscable ou non. S'il n'y avoit aucun motif solide pour l'armateur ennemi d'arêter le navire neutre, cette prise, qui n'auroit jamais pu lui être adjugée, mais que notre ennemi même auroit dû restituer au propriétaire, doit être rendue sur le champ par le repreneur; alors la reprise est nulle. Le repreneur n'a même aucun sauvement à demander; sans lui la prise auroit été restituée par sentence.

Si au contraire le navire, ou la cargaison, ou l'un et l'autre, étoit confiscable et qu'on adopte le principe que le défaut de jugement effectif n'empêche pas de considerer la prise comme acquise par le preneur, qui seulement n'avoit pas encore droit d'en disposer, la question si le repreneur doit restituer, revient à celle: si le propriétaire étranger à un droit égal à celui du propriétaire sujet au souverain du repreneur.

Mais d'après quelles loix et quels principes doit on alors juger la question si ce navire étoit confiscable ou non; est ce d'après les règlemens et les principes qu'on suit dans les tribunaux du souverain du capteur

ou

ou d'après ce qui s'observe dans les tribunaux du souverain du repreneur?

Cette question me paroit être des plus douteuses, et de là tant de decisions variées; je croirois que ni l'une ni l'autre loi, mais que les seuls principes de droit des gens universel et les traités devroient decider. Et bien qu'on puisse alleguer en faveur des loix du souverain du capteur, que c'est probablement d'apres ces normes que la prise auroit *été* jugée si la reprise n'eut pas eu lien, ceci dumoins ne suffit pas pour nous autoriser à *decider* d'après des principes que nous même nous reprouvons et dont nous reprochons à notre ennemi de les mettre en usage. x)   L'injustice qu'il alloit commettre à nos yeux ne nous autorise pas à la commettre nous mêmes au préjudice d'un tiers.   Il n'en est pas de même si ses traités avec le Souverain du capteur l'autorisoient à la confiscation.   On peut ajouter

encore

x) On sait que durant la guerre de sept ans l'Angleterre regardoit comme contraire à la neutralité et aux traités, que les Hollandois transportoient en France sur leur vaisseaux des marchandises des Colonies Françoises, et qu'on se permit de les confisquer. Un Navire Hollandois *l'Amiral Ruyter* affretté à des François pour prendre des sucres à la St. Domingue fut pris par un Corsaire Anglois le *Boyne*, et repris par un Corsaire François le *Marchal de Bellisle*. Le propriétaire reclama le navire en disant que la prise avoit été illegitime; et, quoiqu'il eut été à prevoir qu'on l'auroit confisqué, si l'armateur Anglois l'eut conduit dans un Port Anglois, le Conseil des Prises en France decerna le 7. Avril 1759 la restitution; et cette sentence fut confirmée en appel. VALIN l. c. p. 91.   Ici le droit s'accordoit avec la politique.

encore que toutes les fois où la restitution se fait,
bien que dans les tribunaux du Souverain du Capteur
la prise auroit été probablement condamnée, il est juste
d'accorder au repreneur un droit de recousse, vû que
c'est par ses efforts que le navire a échappé à la sentence condemnatoire.

§. 53.

Des reprises recousses.

Il se peut que par une seconde reprise la première soit enlevée au repreneur. La question si celui-ci doit restituer depend des mêmes principes naturels qui ont lieu pour les prises et pour la première
reprise; et ce n'est qu'en s'en tenant à cette maxime
qu'on peut débrouiller les difficultés qui s'offrent.

Si p. e. dans une guerre entre l'Angleterre et la
France dans laquelle les Prov. Unies sont neutres un
navire Anglois après avoir été pris par un armateur
François et repris par un vaisseau Anglois est repris
une seconde fois par un François, il semble que la
question si celuici doit restituer sa prise au premier
capteur son compatriote, depend d'une autre savoir:
si le premier capteur en étoit déja devenu le propriétaire, avant que la reprise ait été faite sur lui, si non
il ne peut pas être question pour lui de reclamer;
que s'il étoit propriétaire de sa prise, tout depend de
savoir, si le premier repreneur étoit déja devenu le propriétaire de sa reprise lorsque le second repreneur la
lui enléva; dans ce cas la réclamation doit cesser;
mais si la seconde reprise est faite avant que la propriété

priété aie passé du capteur au premier repreneur, le capteur pourroit demander la restitution. y)

Si dans cette même guerre un navire Hollandois après avoir été saisi par un armateur Anglois et repris par un armateur François, étoit de nouveau repris par un armateur Anglois, il semble que tous ces évenemens ne pourroient pas empêcher de devoir juger préalablement si la capture étoit bonne ou non, et que si la prise n'étoit pas confiscable il faudroit encore la restituer au premier propriétaire. La reprise fut-elle même restée entre les mains du repreneur Français, n'auroit pû être adjugée à celui-ci, qu'en tant qu'elle étoit confiscable d'après les loix ou les traités de l'Angleterre.

Mais

y) Qu'il me soit permis d'anticiper ici un exemple de droit positif arrivé en France, où l'on suit le principe des 24 heures, mais où la decision n'a cependant pas été faite toujours conformément à ces principes. Un navire *Anglois* pris par un armateur *François* fut repris après *trois* jours avec son capteur par un *Anglois* lequel après 16 *heures* fut repris avec ses prises par un second armateur *François*. On ne doutoit pas que le vaisseau *François* pris et recous ne dut être restitué par le second armateur, pour son droit de recousse. Mais quant au navire *Anglois* il s'eleverent des doutes s'il étoit dû en entier au second armateur, ou s'il devoit être restitué au premier; le Conseil des prises decida 1695 en faveur du second armateur, ce qui fut confirmé par Arrêts du Conseil d'Etat. Dans un cas semblable durant la guerre depuis 1744 le conseil des prises decida en faveur du premier armateur, mais cette sentence fut reformée en faveur du second 1748. VALIN *traité des prises* p. 90.

K

Mais si on juge que la première prise étoit bonne, et qu'il s'agit de savoir si le second repreneur doit la restituer au premier capteur Anglois, il faudroit, au defaut de loix positives, suivre le même raisonnement qui a lieu pour le cas precedent, et le système adopté à l'égard du terme de l'acquisition de propriété devroit aussi être appliqué à chaque cas où la prise a changée de possesseur.

Il en seroit de même si, comme il a existé de ces cas, les reprises auroient été encore plus souvent repétées.

On peut aisement appliquer ces principes aux cas où la reprise, ou bien l'une des reprises auroit été illégitime.

§. 54.

Des prises abandonnées sans être recousses.

Il se peut que le capteur se voit engagé d'abandonner sa prise, soit par la *crainte* de l'ennemi, ou de la *tempête*, soit *volontairement*, et que le compatriote ou l'ami du propriétaire en fasse l'acquisition par un heureux hazard, ou bien que s'il y est resté quelqu'un de l'équipage celui-ci la conduise à bon port. Dans ce dernier cas il ne peut pas paroitre douteux, que l'équipage ne doive la délivrer au propriétaire, étant tenu à cette restitution même lorsqu'il en auroit fait la reprise (§. 47.) Dans le premier cas, à la rigueur, la prise seroit à considerer comme *res nullius* si l'ennemi, après en avoir acquis la propriété plenière l'abandonne; elle deviendroit donc la propriété de l'occupant. Mais comme ceci n'aura guère lieu qu'avant

que

que l'ennemi a conduit sa prise en lieu de sûrêté, ceux
qui ne datent sa propriété que de cette époque, trouvent un fondement naturel pour enjoindre la restitution au propriétaire, et nous verrons plus bas que ceux
même qui ont établi le principe des 24 heures recon-
noissent l'obligation de restituer, supposé même que
l'abandon ait eu lieu après cette époque. On doit
faire ici aussi peu de différence entre le compatriote
et l'ami, qu'on en fait pour le droit d'épaves, auquel
ce cas ressemble assés. La décision doit, je crois, être
la même, supposé que l'abandon se fasse après plusieurs prises et reprises. z)

z) Il se présenta un cas singulier de ce genre en 1710.
   Un navire *Hollandois de Oude Roos* fut pris le 2. Dec.
   par deux Corsaires de *Dunkerque*, repris le 20. Dec. par
   un armateur *Hollandois*, repris sur celui-ci le 25. Dec.
   par un autre *armateur François*, mais abandonné de ce
   dernier, et revint enfin en lieu de sûrêté. LANGEN-
   BECK *Anmerkungen über das Hamburgische Schiff- und
   See-Recht* p. 504 en citant ce cas, ajoute, que les actes
   du procès élevé à cet égard se trouvent dans A. VER-
   WERS *Nederlandsche Zeerechten*, mais je les cherche
   envain dans l'exemplaire que j'ai en mains, et j'ignore
   comment ce cas a été décidé.

Section II.

Principes du droit des gens positif au sujet des reprises.

---

§. 55.

Observations générales.

Ce qui vient d'être dit semble prouver suffisament qu'il peut se presenter au sujet des reprises une multitude de questions assés douteuses, assés difficiles même à resoudre, pour ne pas devoir les abandonner aux seules lumières et à l'arbitre du juge, dont le *bon sens* n'est pas toujours suffisant pour produire au milieu de tant d'ecueils des jugemens uniformes, justes et équitables; d'ailleurs le *bon sens* d'un juge n'est pas toujours celui de l'autre, et le plus grand prix qu'un tel attache au sien, n'est pas toujours une preuve de son infallibilité.

Par consequent il importe infiniment de determiner par des loïx, par des conventions, par des déclarations reciproques ce qui est sujet à être si differement vu par le secours d'un simple raisonnement.

Il se joint à ceci, que quel que soit le systeme qu'on embrasse, il peut y avoir de solides motifs à en venir à des determinations positives, en s'ecartant en quelques points de la loi naturelle, on en ajoutant à ce que celle-ci prescrit. C'est qu'en se persuadant que le capteur devient le propriétaire de sa prise, lorsqu'il l'a conduit en lieu de sûreté, on peut trouver utile de determiner, qu'il en sera de même le propriétaire

priétaire, s'il l'a possedé pendant quelque tems p. e. 24 heures.

C'est ainsi que si l'on se persuade que d'après la loi naturelle la reprise devroit toujours être restituée au propriétaire, le besoin d'encourager le soldat par l'appas du butin, et l'armateur par celui des prises, joint aux inconveniens reciproques qu'une multitude de procès de reclame pourroient produire, surtout lorsqu'après un tems considerable la preuve de propriété devient plus difficile, peut autoriser à en disposer autrement; à introduire vis-à-vis de ses sujets un terme de préscription, fort abrégé même, à cause des circonstances, au de là du quel l'ancien propriétaire ne pourra plus reclamer sa propriété. On peut imposer cette loi à des armateurs étrangers en leur donnant des lettres de marque, on peut prescrire à ses sujets ce qu'ils auront à observer vis-à-vis des étrangers. Et quoique nos loix ne puissent imposer des obligations à des sujets étrangers, il semble cependant qu'ainsi que nous pouvons d'un côté étendre sur eux des bienfaits accordés à nos sujets, de l'autre ils n'ont pas à se plaindre si dans les cas où ils s'addressent à nos tribunaux ils sont traités d'après les mêmes principes que nous avons introduits par rapport à ceux-ci, dumoins lorsqu'il n'est pas manifeste que ces dispositions sont directement contraires à la loi naturelle, ou lorsqu'en les introduisant envers nous ils les approuvent. De plus les nations entre elles peuvent régler par des conventions les droits dont jouiront leurs sujets réciproques sur ce point. Un consentement tacite même peut être manifesté par des actions qui en font preuve.

K 3

C'est

C'est bien aussi là ce qui a eu lieu en Europe, et tandis que ces determinations positives doivent toujours servir de base avant d'en venir au droit des gens universel, il importe de faire des recherches sur ce que les états, et surtout les *Puissances* maritimes de l'Europe ont réglé à cet égard; Pour faciliter le coup d'oeil sur ce qui suit, je me permettrai d'observer généralement que

1) presque toutes les puissances ont réglé par des loix le point de la restitution des reprises *en faveur de leurs sujets.*

2) Que ces loix distinguent le cas d'un prise légitime de celui où la prise ou la reprise auroit été faite illégitimement.

3) Que quant aux prises et reprises légitimes, la pluspart des loix ont aujourdhui uniquement égard au tems pendant lequel la prise a été entre les mains de l'ennemi, et non à la question si elle a été conduite dans quelque port; de sorte que si avant le terme fixé la prise est recousse, elle doit être restituée au propriétaire, moyennant un droit de sauvement; mais pour le cas où la reprise est faite après ce terme, il n'y a plus d'uniformité dans les loix, vu que quelques unes enjoignent la réstitution à faire *aux sujets,* même après cette époque, d'autres ne l'accordent que pour les reprises faites par les vaisseaux de l'état, d'autres attribuent la reprise en entier au repreneur quelconque.

4) Que dans la pluspart des loix le terme décisif est fixé à 24 heures, mais que cette règle souffre des exceptions.

5)

5) Qu'indépendament du terme susdit la restitution a
lieu dans la pluspart des états, toutes les fois que la
prise étoit illégitime, et que si la reprise seule l'étoit,
le repreneur y perd ses droits.

6) Mais que la question si une reprise doit être restituée au propriétaire *étranger* n'est touchée dans
presque aucune loi, que le nombre des conventions
formelles sur les reprises n'est pas considerable, et
que la pluspart d'entre elles n'ont été faites que
pour le cas d'une guerre commune, ou se trouvent
insérées dans des traités d'alliance avec lesquels elles
sont expirées; et que s'il y a des articles de traités
de commerce qui en parlent, ils ne sont pas en grand
nombre, mais surtout qu'ils ne touchent pas à beaucoup près tous les cas qu'il importeroit de regler.

C'est de quoi il s'agira maintenant de faire
l'examen, en parlant séparement de la pluspart des
Puissances maritimes de l'Europe; après avoir fait précéder quelques mots sur les anciennes loix maritimes,
et quelques reflexions sur d'autres normes communes
à plusieurs nations.

§. 56.

Des anciens codes de loix maritimes.

On sait que les loix modernes des Puissances maritimes de l'Europe ont pour source commune plusieurs
anciennes collections de loix et d'usages connues sous
le nom du *Consulat de la mer*, du *Role des jugements
d'Oleron*, des loix de *Wisby*, des anciens statuts des
villes de *Hambourg*, de *Lubec*, de *Bremen* et du droit
maritime du corps des *villes Anseatiques*. De toutes

K 4

ces

ces anciennes collections il n'y a que le *consulat de la mer* qui touche le cas des reprises; Ce code de loix, ou plutôt d'usages maritimes a été suivi autrefois non-seulement en Espagne, d'où il tient son origine, mais dans presque tous les ports de la mediterranée, et même dans nombre d'autres états, et jusqu'à ce jour il peut être considéré comme droit subsidiaire en Espagne et dans quelques parties de l'Italie, tandis que dans d'autres états on le consulte encore quelque fois au defaut de loix plus recentes, sans lui attribuer la force de loi *a*); au reste, malgré l'étendue de l'autorité dont ce *Consulat* a joui autrefois en Europe et malgré nombre d'exemples qu'on peut citer où, même dans les affaires des nations entre elles, telle nation y a provoquée lorsqu'il étoit de son interêt, il paroit fort douteux *b*) si jamais ce côde a été considéré comme une norme universelle dans les disputes des nations; du-moins il est constant, qu'on ne sauroit plus l'adopter aujourdhui pour norme de décision dans les affaires des puissances entre elles.

Je

a) C'est ainsi qu'en Angleterre on s'y rapporte encore assés souvent, quoique cette loi n'aie pas force de droit subsidiaire la quelle y est attribuée aux loix *d'Oleron* Estick *present state* T. I. p. 229. Blackstone *commentaries* T. I. p. 419. T. IV. p. 423.

b) Voyés pour l'affirmative Capmany *Codigo de las costumbres de Barcellona* p. xxix. et pour la négative Hubner *de la saisie des batimens neutres* T. I. préface. On peut adopter cette dernière opinion sans du reste souscrire au jugement défavorable et meprisant que cet auteur s'est permis sur ce respectable monument de la jurisprudence du moyen âge, et qui jusqu'à ce jour est d'une utilité très réelle.

Je me contenterai donc de parler en peu de mots des dispositions qu'il renferme au sujet des reprises.

Le consulat de la mer *c*) porte: que si quelque vaisseau et sa cargaison pris par son ennemi, est repris par un vaisseau ami avant d'avoir été conduit dans un lieu assuré, le repreneur doit restituer ce bien à ceux qui se trouvent sur le navire, s'il y quelqu'un encore en vie, moyennant une rétribution pour les fraix et la peine du sauvement, la quelle sera évaluée d'après les fraix et la peine causés par la reprise; Que si au contraire l'ennemi avoit déja conduit la prise en lieu de sûrété, le vaisseau et les marchandises appartiendront en entier au repreneur,

Que si celui qui a fait la prise l'abandonne à la vue et par la *crainte* d'un vaisseau ennemi, et que celui-ci s'en empare, il le restituera aux propriétaires, ou à leurs heritiers moyennant une semblable retribution. *d*)

K 5

Que

c) Chap. 287. *di nave pigliata e ricuperata.* Nave - che sera stato pigliato per suoi nimici, se alcun altra nave d'amici si riscontrerà con'i detti nimici — e — torrà la detta nave, *quella* e tutto quello che in quella sarà debba esser ristaurato à quello, o quelli, di chi sarà, ed essere debbe, *se alcuno vivo ci sara:* quel imperó dando a quelli, che à i detti nimici tolta haveranno, beveraggio conveniente, secondo la fatica, — e secondo il danno, che ne haveranno sofferto. — — Imperó se i detti amici torranno, o havranno tolta la detta nave, o navilio à i detti nimici in loco, dove la tenessero à sè, e in loco sicuro, non ne debba esser datto beveraggio, se loro vorranno; anzi debba essere del tutto di loro, senza contrasto etc.

d) Ibid. n. 1.

  Que si celui qui a fait la prise l'abandonne *vo-loutairement* après en avoir pris ce qui lui plait le mieux, et qu'ensuite le navire abandonné est repris, le reprenneur le restituera au premier propriétaire moyenant une retribution, et s'il ne se trouve point de propriétaire il en sera usé comme de robbe trouvée *e)* dont il est disposé par l'art. 157 et 249.

  Que si enfin le vaisseau pris ou se rançonne de l'ennemi, ou est rançonné par d'autres ou acheté des mains de l'ennemi, on distingue si le vaisseau étoit déja en lieu de sûreté ou non. Dans le premier cas celui qui l'achéte le gardera sans restituer, dans le second celui qui le rançonne ou l'achéte sera obligé de l'offrir au propriétaire moyennant qu'on lui restitue le prix ou la rançon et une recompense, si lors du rançonnement l'ennemi étoit déja tellement maitre du navire qu'il n'y avoit point d'autre moyen de le sauver. *f)*

  On voit donc que ces dispositions

1) supposent généralement le cas d'un vaisseau pris par *l'ennemi de celui-ci;* on ne connoissoit pas à cette époque un droit si étendu sur la prise de vaisseaux amis, et c'est sans doute pour quoi il n'y est rien dit au sujet de la restitution à faire aux alliés, amis ou neutres.

2) Qu'on y établit généralement le principe: que l'ennemi devient propriétaire de sa prise dès qu'il l'a conduite en lieu de sûreté, sans égard au tems; qu'en consequence

            3)

e) Ibid. n. 5.
f) Ibid. n. 6. 7.

3) si avant cette époque le vaisseau est repris de force, ou (ce qui n'a lieu que dans ce cas là) s'il est abandonné, on le restituera au premier propriétaire *g*) moyennant une retribution; mais si après cette époque il est repris ou acheté, il restera en entier au repreneur ou à l'achèteur

4) qu'il est permis de rançonner le vaisseau mais seulement dans le cas où il n'y avoit point; d'autre moyen

5) que le droit de sauvement n'est pas fixé à une quote part de la reprise, mais à proportion des fraix et dommages.

6) Qu'en cas de differends entre le repreneur et le Propriétaire les *Prud-hommes* decideront.

§. 57.

Sil existent d'autres normes communes à plusieurs nations.

1) *Effet de la clause d'être traité comme la nation la plus favorisée.*

Si le *consulat de la mer* ne peut plus se considerer aujourdhui comme une norme generale pour les affaires maritimes des nations, il importe, avant d'entrer dans le détail des loix et des conventions particulières et propres à telle nation, d'examiner s'il existent d'autres normes communes à plusieurs nations qui pourroient influer sur le jugement à l'égard des reprises,

afin

g) Il y a cependant cette distinction que dans le premier cas il ne sera restitué qu'en tant que quelqu'un de ceux qui se trouvoient sur le navire est encore en vie, mais que dans le dernier on le restituera au propriétaire ou à ses heritiers, decision pour la quelle il est difficile de trouver une raison justificative.

afin d'éviter à cet égard des répétitions ennuyeuses en parlant de chaque état en particulier.

Rien n'est plus frequent que de trouver dans les traités de commerce des clauses generales en vertu desquelles les puissances contractantes accordent à leurs sujets réciproques *"d'être traités comme la nation la plus favorisée, d'être traités comme les propres sujets de l'état* etc. Ces clauses peuvent elles influer sur la réstitution des réprises lorsque celle-ci a lieu en faveur de nos alliés, ou de nos propres sujets?

Je ne crois point que la clause *d'être traité comme la nation la plus favorisée* puisse autoriser à demander la restitution d'une reprise, supposé même que quelque autre nation soit favorisée de cette restitution, soit par traité, soit par usage. Cette clause empruntée des traités avec les Turcs, et que sa frequence même semble rendre illusoire *h)* ne sauroit s'étendre à tous les avantages particuliers qui pourroient être accordés à une autre nation *i)*, sans quoi deux tiers des traités de commerce pourroient être renfermés dans un seul article. Elle n'a en vue que le traitement favorable dont jouiront generalement les sujets que le commerce engage à entrer ou à sejourner dans les états de la Puissance contractante, par rapport au commerce qu'ils y exercent. On a même douté quelquefois, si elle peut s'appliquer au point des douânes

à

h) DE STECK *Versuch über Handelsverträge* p. 23. MABLY *droit public de l'Europe* T. III. Chap. XVI. p. 256.

i) Reponse du duc de Newcastle à M. MICHEL p. 33. (8vo).

à payer. *k*)   La restitution des reprises est un objet étranger au commerce que ces sujets font chés nous, et surtout à celui qui se fait en tems de paix.

§. 58.

2) *Effet de la clause : d'être traité comme les propres sujets de l'état.*

L'autre clause *d'être traité comme les propres sujets du pays* semble au premier abord parler plus en faveur de ceux qui voudroient reclamer une reprise, dans les cas où celle-ci seroit restituée aux sujets; car à la prendre à la lettre, elle accorderoit aux étrangers tous les droits des natifs du pays, par consequent aussi le droit de postliminie.

Aussi faut-il convenir qu'il existe des traités, dont on verra des exemples, où les parties contractantes se sont tellement expliquées sur ce point, qu'on ne sauroit s'y meprendre; ceci semble aussi avoir lieu surtout lorsque ce traitement a été expressement étendu au cas des guerres futures.

Mais lorsque cette clause est inserée dans la formule ordinaire, et commune à tant de traités *l*) je ne

crois

k) Voyés les contestations élevées entre la *Hollande* et la *France* 1786 touchant les Douanes, en rapport avec l'art. 15. du traité d'all. de 1785. *Niewe Nederl. Jaarboeken* 1786 p. 1268; les contestations élevées 1783 entre la *Hollande* et la *Russie* touchant le payement des douanes en Rixdaler *N. Nederl. Jaarboeken* 1783. p. 1042.

l) Cette clause est fort ancienne, on la trouve déja dans les traités du 14. Siècle p. e. d. l. traité de 1351 entre *l'Espagne* et *l'Angleterre*; elle semble devoir son origine

crois pas qu'on puisse l'étendre au delà de ce qui regarde les impôts, l'administration de justice, et autres points qui concernent ceux que le commerce engage à séjourner dans les états de la puissance contractante, ou à y envoyer leurs marchandises. Souvent cette restriction est expressément ajoutée; elle semble être toujours sousentendue. Si l'on vouloit l'interpréter de tous les avantages particuliers dont une nation favorise ses sujets, ceci différant d'un état à l'autre, il n'y auroit point de réciprocité, laquelle fait cependant la base de tous les traités de commerce.

§. 59.

3) *Effet du systeme de la neutralité armée, sur les reprises.*

Une question également interessante, et peutêtre plus douteuse, c'est de savoir si le systeme de *la neutralité armée*, adopté par tant de puissances, peut influer sur la réstitution des reprises? on sent que les sentimens qu'on adopte à cet égard renferment la decision dans une multitude de rapports individuels. Ce n'est pas seulement dans le rapport avec la Russie que les Etats qui ont fait des traités avec cette Puissance à cet égard depuis 1780 ont adopté ce systeme; ils l'ont adopté également entre eux, de sorte que p. e. après que la Russie avoit contractée à cet égard avec le Danemarc, la Suède en accedant a contractée aussi avec le Danemarc; les Provinces Unies des Pays bas

en

gine aux vexations auxquelles on assnjettissoit si frequemment les sujets étrangers quant à l'exercice de leur commerce dans les états d'une autre nation.

en vertu de leur accession ont reconnu ce systeme, non seulement vis - à - vis de la Russie, mais aussi vis-à - vis du Danemarc et de la Suède, et de même plusieurs des autres Puissances qui ont accedées depuis, tel que la Prusse, l'Autriche, le Portugal ont contractées par là des droits et des obligations envers chacune de ces Puissances qui avoient accedées avant elles; ces conventions ont donc presque la force d'un traité general entre les membres de l'association, sans en avoir la forme. *m*)

Le systeme ne parle pas directement des reprises, mais des cinq points sur lesquels il repose, on voit decouler le principe: qu'il est contraire au droit des gens de saisir un vaisseau pour être

1) chargé de marchandises ennemies ou

2) de marchandises qui ne sont pas déclarées de contrebande par les traités, ou

3) pour être destiné vers un port qu'on pretend être bloqué, mais sans qu'il soit tellement environné de l'ennemi qu'on ne peut y entrer sans danger manifeste, et que dans tous ces cas la puissance belligérante n'est pas en droit de confisquer, ni la cargaison, ni le navire.

Les

m) On pourra se convaincre de ceci, dumoins à l'égard de plusieurs des Puissances qui ont accedées, par la lecture des pièces diplomatiques inserées dans le 2 et surtout dans le 4. Volume de mon *Recueil des traités* etc. Je n'ose pas affirmer positivement que l'accession du Portugal et de l'Autriche a été formellement acceptée par le Danemarc, par la Suède et par les Prov. Unies. La Prusse notifia son accession aux états Generaux. HENNINGS *Sammlung* T. II. p. 433.

Les traités conclûs en vue de ce systeme portent, que les puissances contractantes *protègerout* mutuellement, et même à force armée, les sujets réciproques dans la jouissance de la liberté du commerce qui résulte de ces principes.

Il semble donc que, supposé qu'un navire neutre ait été saisi par une puissance belligérante sous un de ces pretextes que le systeme déclare être contraires à la loi naturelle, et qu'il soit repris par un vaisseau d'une autre des puissances contractantes, avant qu'il ait été adjugé définitivement au capteur, celle-ci devroit considerer la prise comme illégitime, et par consequent faire restituer la reprise dans tous les cas où des prises illégitimes recousses doivent être restituées à ses propres sujets.

Dans ces cas elle ne peut pas recourrir à la jurisprudence du souverain du capteur, qu'elle sembleroit approuver en l'appliquant. Il seroit contradictoire de promettre d'empêcher que la puissance belligérante ne confisque dans ce cas, et de le faire soi même sur son compte quand l'occasion s'en presente (Voyés §. 52.). Et tandisque ces principes sont introduits dans la généralité, on ne peut pas faire une distinction entre les cas où la reprise auroit été faite par les vaisseaux particulièrement destinés au maintien de ce systeme, et entre ceux où elle auroit eu lieu par d'autres vaisseaux du Souverain, ou même par des armateurs particuliers. Si donc ce systeme dût être permanent, malgré l'atteinte qui y a été portée dans la guerre presente, il pourroit influer salutairement sur la conservation de la propriété neutre de tous ces états qui l'ont adopté, ou qui dans la suite pourroient se mettre sous sa protection.

Mais

Mais de l'autre côté ce systeme ne decide rien à l'égard des réprises de vaisseaux qui auroient fait un commerce illicite, même d'après les principes qu'il établit. Et tandis qu'il suppose la neutralité, il n'est pas applicable aux prises et reprises ennemies.

§. 60.

Des loix de la France au sujet des reprises.

D'après les loix de *France n*) si un navire appartenant à quelque *sujet* François est repris par un *armateur*, il sera, s'il est repris *avant d'avoir été 24 heures* entre les mains l'ennemi, restitué au proprietaire avec tout ce qui y est dedans, à la reserve d'un tiers qui sera donné au Repreneur; s'il est repris *après cette époque* il appartiendra en totalité au repreneur. *o*)

Si la reprise a été faite par les *Vaisseaux, Frégattes ou autres Bâtimens de Sa Majesté*, le tiers sera adjugé à son profit pour droit de recousse, si elle est faite *dans les 24 heures*; et *après ce delai* la Reprise sera adjugée en totalité à S. M. laquelle se reserve d'accorder aux Equipages une gratification proportionnée

à

n) Il est question de celles qui ont subsistées avant la guerre presente, je ne puis rendre compte de ce qui se pratique durant la guerre actuelle, où les François ont été rarement dans le cas de faire des prises neutres, si ce n'est peutêtre par collusion.

o) Edit du Roi concernant la jurisdiction de l'admirauté, du mois de Mars 1584 art. 61. Ordonnance de la marine de 1681 titre des Prises art. 8. Ordonnance sur les reprises faites par les vaisseaux de S. M. du 15. Juin 1779.

L

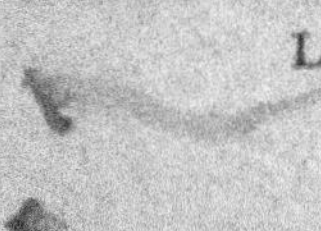

à la valeur de la reprise. *p*) Cependant, comme l'observent les auteurs François, le Roi a toujours accordé la remise de ces prises aux propriétaires des navires repris moyennant une gratification aux Equipages. *q*)

Mais si un navire des sujets *ou alliés* du Roi est repris sur un *pirate*, il sera restitué aux propriétaires moyennant un tiers pour la recousse, independamment du tems pendant lequel il aura été entre les mains de l'ennemi. *r*)

Que si le navire, sans être recous, est *abandonné* par l'ennemi, ou si par tempête ou autre cas fortuit il revient en la possession de sujets Français, avant d'avoir été conduit dans un port ennemi, il sera rendu au propriétaire, quoiqu'il ait été plus de 24 heures entre les mains de l'ennemi. *s*)

On voit donc que toutes ces dispositions, excepté celle qui touche la reprise sur les pirates, ne parlent que de reprises appartenantes aux sujets du Roi. Et quoique Mr. EMERIGON *t*) juge, que la restitution devroit avoir également lieu en faveur des alliés et des auxiliaires, il ne cite d'autre preuve que l'autorité de Mr.

DE

p) Ordonnance du 15. Juin 1779. Ord. du 9. Janv. 1780.

q) VALIN *traité des prises* p. 88. EMERIGON *traité de assurances* Chap. 12. Sect. 23. p. 495.

r) Ordonnance de la marine 1681. tit. des prises art. 10.

s) Ordonnance de la marine de 1681 tit. des prises art. 9. Sur la question si dans ce cas le tiers pour la recousse pourra être exigé comparés VALIN *traité des prises* p. 101. qui soutient l'affirmative, et EMERIGON l. c. Sect. 24. p. 503. qui defend la negative.

t) l. c. p. 499.

DE VATTEL *u*); on pourroit plûtot tirer de l'art. 9. susdit un argument du contraire; il semble dumoins qu'on a laissé à dessein cette question indécise. Voyons donc ce qui a été reglé à cet égard par les traités et par l'usage.

§. 61.

Des traités de la France au sujet des reprises.

Quant aux traités avec les Puissances étrangères, la convention touchant les reprises conclue le 1. May 1781 *x*) avec les *Prov. Unies des Pays Bas*, porte: que si la reprise a été faite par un *armateur* avant d'avoir été 24 heures entre les mains de l'ennemi, elle sera restituée à la charge du propriétaire de payer un tiers de la valeur du batiment repris et de sa cargaison; que si le bâtiment repris aura été en la Puissance de l'ennemi au delà du 24 heures, il appartiendra en entier à l'armateur; ce qui convient avec les loix de la France; que si la reprise a été faite par un *vaisseau de guerre de l'état* elle sera restituée aux propriétaires, moyennant $\frac{1}{30}$ de la valeur si elle a été faite avant, et moyennant $\frac{1}{15}$ si elle a été faite après les 24 heures. *y*)

Le

u) Droit des gens Liv. III. chap. 14. §. 207.

x) Mon Recueil T. II. p. 127.

y) A peine cette convention avoit-elle été signée le 1. May qu'avant qu'elle eut été ratifiée le 27. du même mois une recousse très importante de navires Hollandois fit naitre un des procès les plus illustres qui aient eu lieu en fait de reprises. Voici le fait. Après que la guerre contre les Prov. Unies des Pays-Bas avoit été déclarée

Le traité de commerce avec la *Grande Brétagne* 1786 z) fixe art. 34. la restitution des reprises exactement

en Angleterre le 20. Decembre 1780 l'Amiral Rodney se rendit le 3. Fevr. 1781 maitre de St. Eustache et de tous les vaisseaux et navires qui s'y trouvoient; en outre les Anglois s'emparérent d'une flotte marchande Hollandoise de 53 navires qui venoit de mettre en mer sous convoy. Ces 53 navires et plusieurs autres dont on s'étoit rendu maitre à St. Eustache aiant été envoyés par l'Amiral Rodney sous convoy de 4 vaisseaux de guerre Anglois vers les ports de l'Angleterre, l'escadre Françoise commandée par Mr. la Mothe Piquet leur donna la chasse dans les environs des Iles Sorlingues et fit la reprise des navires Hollandois entre le 2. et 4. May 1781, qui furent conduits à Brest. Après une procédure dont les propriétaires se sont amérement plaints, le Conseil des prises adjugea la pluspart des navires et de la cargaison aux repreneurs par ordonnance du 30. May 1781, et cette sentence fut confirmée dans presque tous ses points en appel, par le Conseil Royal des Finances. Le Procureur - Général allégua entre autres moyens surtout 1) que ces prises faisant partie de la conquête de l'isle de St. Eustache, ceci leur imprimoit le caractère ineffaçable de propriété et de possession ennemie 2) qu'ils avoient été munis en partie par les Anglois de commissions en guerre; 3) que tous les effets trouvés sur un navire ennemi sont de bonne prise 4) que la convention du 1. May 1781 n'étoit pas applicable, vû qu'il ne s'agissoit pas ici d'une recousse, mais d'une simple prise, par l'argument no. 1. et que les loix n'ont pas d'effet retroactif en France. Il semble que Mr. MIRBECK avocat des reclamans a fort bien repondu à tous ces argumens dans ses observations, insérées dans HENNINGS *Sammlung* T. II. p. 202, mais qui lui attirerent interdiction.

z) *Mon Recueil* T. II. p. 680.

ment sur le même pied, sur lequel la France en est convenue avec les Pays Bas 1781.

Il n'y a point de convention expresse entre la France et *l'Espagne* au sujet des reprises, mais tant que le pacte de famille *a*) subsistoit, il semble que celui-ci devoit procurer aux sujets reciproques la restitution des reprises, sur le même pied qu'elle se pratique vis-à-vis des propres sujets de chacun de ces états, par le motif que

1) d'après la teneur de ce pacte chaque guerre de l'une deviendroit commune à l'autre; que

2) on étoit convenu que les avantages de l'une seroient compensés avec les pertes de l'autre et que

3) on avoit assuré aux sujets reciproques un traitement égal aux sujets nés de l'état, dans des expressions qui vont bien au delà de la clause generale dont il a été parlé plus haut.

Aussi durant le cours de la guerre de l'Amérique plusieurs navires Espagnols pris par les Anglois et repris par des vaisseaux du Roi furent restitués; savoir: le *Saint Joseph* repris par la Frégate du Roi le *Montréal* par l'Arrêt du Conseil du 17. Dec. 1780 la *notre-Dame des Carmes* repris par les Cotters du Roi le *Malin* et le *Lézard* par l'arrêt du Conseil du 2. Dec. 1781 le *St. François* repris par la Frégate du Roi *la Boudeuse* par l'arrêt du Conseil du 10. Mars 1782.

Il n'y a point de convention particulière sur les reprises entre la France et le *Portugal*; le traité de 1641 *b*) n'en parle pas, et le traité du 11. Avril 1713 *c*)

L 3 n'intro-

---

a) *Mon Recueil* T. I. p. 1.
b) Dumont T. VI. P. I. p. 214.
c) Dumont T. VIII. P. I. p. 353.

n'introduit rien de nouveau à cet égard; l'art. 6. porte
seulement que les mêmes privilèges et exemtions dont
les sujets de Sa Majesté Très Chrétienne jouïront en
Portugal, seront accordées aux sujets de Sa Majesté Por-
tugaise en France. Dans la dernière guerre de l'Amérique où le Portugal étoit neutre, un navire Portugais
la *Nostra Signora d'Ovalle* pris par un Corsaire Anglois
et repris par un armateur François fut restitué par
l'Arrêt du 29. Dec. 1781 *d*) et même avec condamnation du Corsaire Français en tous dommages et intérêts,
et en refusant à celui-ci un droit de sauvetage — mais
par le motif que ce navire étoit neutre et qu'il n'avoit
pas été à presumer qu'il auroit été confisqué en Angleterre; d'ailleurs il avoit été pris et repris le même
jour, par consequent avant les 24 heures.

Il existe aussi peu une convention particulière
avec la *Suède.* La convention préliminaire de commerce 1741 *e*) expliquée 1784 *f*) n'accorde aux sujets
reciproques qu'une égalité de traitement par rapport aux
douânes (et encore avec plusieurs limitations); elle ne
peut pas être entendue du point dont il est question
ici, et la convention de 1784 en parle aussi peu.
Les simples traités de subsides qui subsistoient entre
les deux Puissances n'étoient pas de nature à pouvoir
être appliqués aux reprises; d'ailleurs ils ne subsistent plus; la Suède comme il sera dit n'aiant rien
determiné sur les reprises de vaisseaux étrangers, ni
la reciprocité, ni la retorsion ne pouvoient decider. La
Suède étant neutre dans la guerre de l'Amérique un
navire

d) *Code des Prises* T. II. p. 1021.
e) Wenck *Cod. Iur. Gent.* T. II. p. 5.
f) *Mon Recueil* T. II. p. 526.

navire Suèdois le *Mercure* chargé de Chanvre fut pris
par un Corsaire Anglois et repris par un Corsaire François daus les vingtquatre heures; sa restitution fut prononcée par le Conseil des Prises en date du 14. Avril
1779, et cette sentence confirmée par un Arrêt du Conseil en date du 27. Dec. 1779 *g*). De même à l'égard du
navire Suèdois *l'Argos* chargé de fer en barre etc. pris
par un Corsaire Anglois, et repris neuf jours après par
un Corsaire François, le Conseil des Prises avoit par sentence du 13. Juin 1781 décerné main levée, mais à la
charge de payer à l'armateur le tiers de la valeur du
navire et de la cargaison, mais les deux parties ayant
interjetté appel, le Roi par un arrêt du conseil d'état du
8. Avril 1782 *h*) reforma la sentence decernant qu'il
n'étoit dû aucun droit de recousse, et condamna l'armateur en tous dommages fraix et depends. On jugea
que la prise étoit nulle, comme il n'y auroit pas eu
lieu à confiscation en Angleterre.

La France n'a rien réglé à l'égard des réprises
avec le *Danemarc.* Le traité de 1662 *i*) quoique fort
étendu sur tous les autres points qui concernent le
commerce en tems de guerre, ne parle par des reprises.
L'art. 34. du traité de 1742 *k*) (conclù pour 15 ans)
et prolongé 1749 *l*) porte restitution des biens repris
sur des pirates, mais il ne fait pas mention des reprises proprement dites.

L 4

Le

g) *Code des Prises* T. II. p. 789.

h) *Code des Prises* T. II. p. 1044.

i) DUMONT T. VI. p. 456.

k) WENCK T. I. p. 591.

l) *Code des Prises* T. I. p. 470.

Le traité de commerce avec la *Russie* de 1787 *m)* ne touche pas à la verité expressement le point des reprises mais il stipule art. 34. que les sujets reciproques seront traités *en tems de guerre* comme les propres sujets de l'état, d'où il semble découler, qu'on doit leur accorder la restitution des reprises dans tous les cas, où elle a lieu en faveur des sujets. Ceci n'est plus la clause générale et ordinaire, dont il a été parlé plus haut.

On trouve aussi peu quelque arrangement fait à cet égard dans les capitulations avec la *Porte* renouvellées 1740 *n)* aussi peu qu'avec les villes *Anseatiques* dans le traité de 1716 ou avec la ville de Hambourg dans le traité de 1769 confirmé 1789.

Le traité de commerce avec les *Etats* de *l'Amérique* de 1778 *o)* porte art. 16. que les biens repris sur les pirates seront réciproquement restitués aux propriétaires, mais il ne fait pas mention d'autres reprises. Ni le traitément de la nation la plus favorisée, assuré dans les termes ordinaires par l'art. 3, ni la protection accordée en vertu de l'art. 6. aux vaisseaux reciproques, ne peuvent s'entendre des reprises *en général*. Le traité d'alliance de la même dâte n'en parle pas directement.

§. 62.

Des loix de l'Espagne.

Les loix de *l'Espagne* conviennent presque entièrement avec celles de la France au sujet des reprises appar-

m) *Mon Recueil* T. III. p. 1.

n) Wenck T. I. p. 558.

o) *Mon Recueil* T. I. p. 685. 701.

appartenantes à des sujets Espagnols, faites par des armateurs, de sorte que si une telle prise légitime est recousse avant d'avoir été 24 heures entre les mains de
l'ennemi, elle sera restituée au propriétaire connu,
moyennant un tiers pour la recousse *p*), mais qu'après
cette époque elle appartiendra en totalité au repreneur.
Quant aux reprises faites par les vaisseaux du Roi, l'ordonnance de 1633 *q*) porte: que ce qui appartient à
des personnes connues devra être restitué d'abord que
l'ennemi ne l'aura point gardé pendant l'espace de
24 heures.

Que si un navire a été abandonné *r*) par l'ennemi, ou si une tempête, ou quelque autre accident le
fait tomber entre les mains de sujets du Roi, avant
d'avoir été conduit dans quelque port ennemi, il sera
rendu au premier propriétaire, quand même l'ennemi
l'auroit eu en son pouvoir plus de 24 heures.

Mais quant aux vaisseaux repris sur des pirates,
on trouve dans les loix Espagnoles une disposition, qu'il
est difficile de justifier d'après les principes du droit naturel; savoir: que même ces reprises appartiendront à l'armateur si le pirate les a possédées pendant 24 heures. *s*)

Relati-

p) Ordonnance de 1621 ord. de 1718 art. 10. Ordonn. de
1779 art. 23. On y excepte cependant le cas d'un navire
qui auroit été chargé de *contrebande* ou qui auroit na-
vigué pour le seul *plaisir* de ceux qui le montoient.
q) Ordonnance pour la conduite de la flotte Royale Chap.
597. ABREU y BERTODANO *Collection* Phil. IV. P. II.
p. 571.
r) Ordonnance 1718 art. 11.
s) Ordonnance 1621 art. 10. Déclaration du 22. Dec. 1624.
Dans l'ord. de 1718 art. 7 et 12. il y a sur ce point

Relativement aux droits des Puissances étrangères il est à observer, que tandisque les ordonnances de 1621 et 1718 ne parloient que de reprises appartenantes à des sujets du Roi, et que l'ord. de 1633 pour la flotte royale disposoit vaguement que ce qui appartient à des personnes connues seroit restitué, l'ord. du 1. Juillet 1779 pour la course art. 24. égalise les étrangers aux propres sujets du Roi, en disposant: *que les navires de sujets neutres ou alliés dont les armateurs de l'ennemi auroient fait prise, seront restitués avec leur cargaison aux propriétaires si la reprise se fait avant 24 heures moyennant un tiers de la valeur qui sera attribué au Repreneur.*

§. 63.

Des traités de l'Espagne.

Il y a peu de traités de l'Espagne avec d'autres nations dans lesquels le point des reprises ait été reglé.   Il a deja été parlé des traités avec la *France.* Il sera parlé plus bas des traités avec la *Grande Brétagne.*

Je ne trouve point d'arrangemens à cet égard dans les traités avec le *Portugal;* celui du 13. Fevr. 1668 du 6. Fevr. 1715 l'un et l'autre confirmés par les traités du 1. Oct. 1777 et du 1. Mars 1778 en parlent aussi peu que ces deux derniers traités, ou que le traité du 23. May 1667 entre l'Angleterre et l'Espagne qui a été adopté pour norme par le Portugal et l'Espagne en vertu

une contradiction apparente que Mr. D'ABREU *traité d. prises* p. 75. tache de concilier.   Mais l'ordonnance de 1779. art. 9. ne laisse aucun doute à cet égard.

vertu de l'art. 8. du traité de 1778. Au reste ces deux nations se sont promises le traitement de la nation la plus favorisée, et la plus privilegiée de celles qui trafiquent dans la domination de l'Espagne et du Portugal. *t*)

Avec les *Provinces Unies des Pays Bas* il fut convenu par l'art. 3. de la declaration sur le traité de marine de 1650 faite le 25. Nov. 1676 *u*) *que si un navire sera repris sur les ennemis par les navires de Sa Majesté ou des armateurs particuliers, ou de L. H. P. ou par leurs sujets, si la reprise se fait deux fois 24 heures après qu'il aura été en la puissance de l'ennemi, les repreneurs auront un cinquième du navire et de toute la charge. Et si la reprise se fait deux fois 24 heures après les premiers deux fois 24 heures ils jouiront d'un tiers de la valeur du navire et de toute la charge. Et si elle est faite après les dits termes, les Repreneurs auront et jouiront de la moitié.* Je doute cependant qu'on pourroit provoquer encore aujourdhui à ce traité. *x*) Ceux qui ont été faits depuis, ne parlent point des reprises.

Avec

t) Traité du 6. Fevr. 1715. art. 17. Dumont T. VIII. P. I. p. 444.

u) Dumont T. VII. P. I. p. 325. Cette déclaration fut donnée à la suite du traité d'alliance defensive conclue entre les mêmes puissances au mois de Mars 1676. Dumont T. VII. P. I. p. 321.

x) Le Chevalier d'Abreu dans son *traité des prises* p. 64. regarde ce traité comme encore obligatoire; cependant le traité de paix du 11. Avril 1714 ne l'a pas renouvellé; l'art. 10. ne renouvelle que le traité de *Munster*. Dumont T. VIII. P. I. p. 427; et d'ailleurs il est à remarquer, que lorsqu'en 1707 un vaisseau Hollandois

de

Avec *l'Autriche* il a été réglé par le traité de commerce du 1. May 1725 y) art. 43. que *quand un navire appartenant à des Sujets d'une Puissance auroit été pris par quelque ennemi commun et repris sur lui par quelque vaisseau de guerre, ou armateur de l'autre, si la reprise se fait dans les premiers 48 heures qu'il aura été entre les mains de l'ennemi, la cinquième partie du vaisseau et de sa charge appartiendra au Repreneur; que si la reprise se fait dans les 48 heures suivantes il en aura un tiers, et qu'enfin si elle se fait plus tard, la moitié lui appartiendra, le reste devant retourner aux Propriétaires.*

Le traité de commerce du 19. Mars 1641 z) avec le *Danemarc* ne touche pas le point des reprises, quoique l'art. 19. sembloit en fournir l'occasion; l'art. 3. promêt simplement que les sujets des deux Etats seront récipro-

de *Ouner Gootwill* pris le 14. Oct. par un armateur François, fut repris 6 jours après par un vaisseau d'Ostende, et que les E.-Gen. firent à ce sujet des representations au Gouvernement de Bruxelles, pour obtenir la restitution, ils ne se fonderent aucunement sur une convention, mais uniquement sur ce qu'il étoit inique que les Espagnols, amis des Hollandois, voudroient leur enlever leur bien, et qu'il étoit *d'usage* entre les puissances amies de restituer les reprises moyennant une retribution pour le droit de sauvement; voyés extrait des resol. des Etats-Gen. du 9. Nov. 1707. *Recueil v. Zeezaken* D. IV. p. 531.

y) Dumont T. VIII. P. II. p. 118. Le traité d'alliance du 30. Avril 1725. art. 4. semble déja viser au même point en promettant la protection réciproque des vaisseaux. V. ibid. p. 113.

z) Dumont T. VI. P. I. p. 210.

réciproquement traités comme sujets naturels des dits
Rois, en ce qui regarde le commerce, ce qui comme
il a déja été dit ne peut pas être entendu des reprises.
Il n'a pas été conclu depuis de traité entre ces deux
Puissances, qui auroit pu fournir une occasion plus
proche à parler des reprises.

Avec la *Porte* il a été stipulé par l'art. 13. du
traité de commerce de 1782 *a*): que si quelque navire
de l'une des deux Puissances seroit pris par un *ennemi
commun*, l'autre joindra ses efforts à elle pour le reprendre, et le fera restituer au propriétaire. Ceci ne
concerne donc pas toutes les reprises, mais celles qui
auroient été faites d'un ennemi commun.

Le traité avec la Regence de *Tripolis* de 1784 *b*)
enjoint art. 11. de faire restituer au propriétaire les
biens enlevés par des pirates, et art. 13. de faire restituer les biens qui seroient enlevés par l'ennemi sous
la portée du Canon de l'un des deux états.

Ce dernier point a été réglé à peu près de même
dans l'art. 4. du traité de 1786 *c*) avec le Dey et la regence *d'Alger*. Mais l'un et l'autre de ces traités ne
parlent pas des reprises proprement dites.

§. 64.
Des loix de la Grande Brétagne.

Jusqu'à la fin du 17. Siècle les principes au sujet
des reprises étoient assés peu fixés en *Angleterre*.

PARK dans son traité des assurances *d*) soutient,
qu'avant que ce point ait été réglé par des actes du

parle-

a) *Mon Recueil* T. II. p. 289.
b) *Mon Recueil* T. II. p. 551.
c) Ibid. p. 666.
d) *System of insurances* cap. 4. p. 29.

parlement, le propriétaire d'un vaisseau repris a été en droit de le reclamer, tant que la prise n'avoit pas encore été condamnée, sans égard au tems où elle se seroit trouveé entre les mains de l'ennemi *e*); et il allègue quelques exemples de causes decidées d'après ce principe, mais sans citer les noms et les dâtes.

Molloy f) cite au contraire, quoique assés confusement nombre d'exemples du 17. Siècle, d'après lesquels la reprise faite par un vaisseau du Roi auroit été toujours restituée au propriétaire moyennant une somme pour le sauvement, mais celle faite par les armateurs ou autres particuliers assignée en entier au repreneur, dès que la prise avoit été conduite *inter praesidia*, sans égard au terme de 24 heures.

La première loi que je connoisse à ce sujet, et qui a servie de base à plusieurs des suivantes c'est l'acte du parlement de 1692 *g*); cette loi porte: que si quelque vaisseau, navire ou barque pris appartenant à des

e) WESKETT *Digest of the theory of insurances* s. v. *capture* cite l'exemple d'un vaisseau Anglois pris 1691 et conduit à Nordbergen, vendu à A. de celui ci a B, envoyé par celui-ci aux Indes Occidentales, repris sur son voyage vers l'Angleterre 1695, et cependant restitué au au premier propriétaire.

f) *De jure maritimo et navali* Cap. 1. §. 8. p. m. 5.

g) 4 5. Wilh. et Mar. Cap. 25. extrait dans POSTLESWAYTH *Dict. v. Prizes.* Il ne sera peut être pas inutile d'observer, que cette loi fut donnée peu après que l'Angleterre avoit faite une convention touchant les reprises avec les Prov. Unies des Pays-Bas 1689 dont il sera parlé dans la suite, et qui a servi de base à l'égard de plusieurs points.

les sujets de Leurs Majestés qui continuent à vivre sous
leur protection et obeissance, après avoir été pris par
les ennemis de L. L. M. M. sera repris, ce vaisseau et
sa cargaison on partie d'icelle sera restitué par decret
de la cour d'amirauté aux premiérs propriétaires, qui
payeront pour sauvement, si la reprise s'est faite par
un vaisseau de guerre, un huitième de la valeur qui
sera délivré aux capitaines, officiers et mariniers du
dit vaisseau de guerre, pour être partagé entre eux
conformement au present acte du parlement touchant
la part qui leur appartient des prises; que si la reprise
a été faite par un armateur ou autre vaisseau, après
avoir été entre les mains de l'ennemi durant 24 heures, un huitième de la valeur lui sera payé; si le
vaisseau aura été au de là de 24 heures et moins de
48, un cinquème, si le vaisseau a été au de là de 48
et moins de 96 heures entre les mains de l'ennemi, un
tiers, s'il a été au de là de 96 heures, la moitié; lequel payement se fera sans deduction quelconque.
Que si le vaisseau repris aura été mis en mer par
l'ennemi en qualité de vaisseau de guerre, le premier
propriétaire sera tenu à payer la moitié. Ces dispositions ont été repetées, de mot à mot dans les actes du
parlement 13 George II. cap. 24. St. 18. (1740) *h*),
17 Geo. II. cap. 34. St. 20. (1744), 29 Geo. II. cap. 34.
St. 24. (1756).

Mais dans les commencemens de la guerre de
l'Amérique il fut réglé par un acte du parlement
16 Geo.

h) Runnington T. VI. p. 579. *Laws of the admiralty* T. I.
  p. 513. cette loi entre dans un plus grand detail sur les
  droits des armateurs qu'aucune des precedentes; elle
  a servie de base aux suivantes, quoiqu'elle aie subi
  plusieurs changemens.

16 Geo. III. cap. 5. St. 24. (1776) *i*) que si des biens appartenans à des sujets obeissans du Roi seroient pris *par les sujets rebelles* dans les Colonies, et repris par un vaisseau du Roi, ou autre vaisseau, sous sa protection, cette reprise seroit toujours restituée aux propriétaires, moyennant un huitième pour droit de sauvement. Cette disposition a été étendue à tous ceux qui auroient obtenu des lettres de commission du Roi, par l'acte du parlement 17 Geo. III. cap. 7. (1777). Ce changement sembloit provenir de ce qu'au commencement de cette guerre les américains ne furent pas considérés comme ennemis légitimes; c'étoit appliquer à eux le principe reconnu en Angleterre, qu'un pirate ou ennemi illégitime ne pouvant devenir le propriétaire de sa prise, bien qu'il l'aïe possédé au delà de 24 heures, ou conduit dans un lieu de sureté, un tel vaisseau repris doit toujours être restitué au propriétaire moyennant un droit de sauvement. *k*)

On droit observer cependant, que lorsqu'en suite la guerre s'étendit sur la France 1778, sur l'Espagne 1780, sur les Provinces Unies 1780, cette même disposition fût aussi étendue sur les vaisseaux de sujets du Roi pris par ceux-ci et repris par un vaisseau du Roi

i) Runnington T. XII. p. 456.

k) Je ne trouve point de loi expresse à cet égard en Angleterre, mais ce principe y a été constament suivi. Jacob *lex mercatoria* cap. 7. p. 188. Weskett *theory of insurance* p. 399; Il a aussi été sanctionné par les traités de 1667 avec la Hollande, de 1713. 1786 avec la France, de 1669 avec le Danémarc et de 1675 avec les Turcs. Voyés un exemple de ce genre dans Park *system of insurances* p. 80.

Roi ou par un armateur. C'est ainsi que l'acte du parlement 19 Geo. III. c. 67. St. 44. (1779) *l*) repéte de mot à mot l'art. 4. de l'acte de 1776, mais en se servant de l'expression generale: si quelque vaisseau seroit pris *par nos ennemis*, et repris etc. Il y est cependant ajouté encore, que si le vaisseau repris auroit été mis en mer par l'ennemi qui en a fait la prise, en qualité

de

l) Rennington T. XIII. p. 463. "That if any Ship, Vessel, or Boat, taken as Prize, or any Goods therein, shall appear and be proved in any Court of Admiralty to have belonged to *any of his Majesty's Subjects* of Great Britain or Ireland, or any of the Dominions and Territories remaining and continuing under his Majesty's Protection and obedience, which were before taken or surprized *by any of his Majesties Enemies* and at any Time afterwards again surprised and retaken from his Majesty's Enemies by any of his Majesty's Ships of War, or any private man of War, or other Ship Vessel or Boat, under his Majesty's Protection and Obedience; that then such Ships, Vessels, Boats and Goods, and every such Part and Parts thereof, as aforesaid, formerly belonging to such his Majesty's Subjects, shall in all Cases be adjudged to be restored, and shall be, by Decree of the said Court of Admiralty, accordingly restored to such former Owner or Owners, or Proprietors he or they paying for and in Lieu of Salvage, one eight Part of the true Value of the Ships, Vessels Boats, and Goods, respectively to be restored — — and if such Ship so retaken by any of his Majesty's Ship or Ships of War, or by any private man of war, shall appear to have been, after the taking by the Enemy, by them set forth as a Man of War, the former Owners or Proprietors, to whom the same shall be restored, shall be adjudged to pay, and shall pay for Salvage the full Mojety of the true Value of the said Ship."

M

de *vaisseau de guerre*, alors l'armateur aura la moitié de la valeur pour droit de sauvement. L'acte 20 Geo. III. c. 23. St. 7. (1780) *m*) ajoute encore à ceci une clause particulière.

Mais dans toutes ces loix il fût expressement dit qu'elles ne dureroient que pendant la guerre qui eut lieu alors, et non au delà; de sorte que depuis 1783 plusieurs auteurs Anglois regardent l'acte du parlement de 1740 comme la normative. *n*) Il n'est pas douteux cependant que dans la guerre actuelle il n'ait été passé un nouvel acte du parlement à cet égard, et quoique je n'aie pû me le procurer, les contestations survenues me paroissent prouver suffisament que cet acte est conforme à ceux de 1776 – 1783, quant au point de la restitution des reprises. Ce que dumoins on peut considérer comme indubitable, c'est, que la loi subsistante actuellement parle aussi peu expressement que les precedentes de la restitution de reprises aux alliés ou aux neutres. Dans le procès du St. Jago le juge et les parties demeuroient d'accord sur ce point.

<h3 style="text-align:center">§. 65.</h3>

<h3 style="text-align:center">*Des traités de la Grande Brétagne*</h3>

Pour donc juger ce que les puissances étrangères ont à demander à cet égard, il faut entrer dans le détail

m) Cet acte dispose, qu'à l'égard des reprises de si peu d'importance qu'elles ne vaudroient pas les fraix du procès, il sera permis aux deux parties de s'accommoder à l'amiable, pourvû qu'ils rendent compte de leur arrangement au tribunal d'amirauté.

n) PARK *system on the Laws of marine insurances* p. 86. WESKET *Digest*. v. capture.

détail des rapports particuliers qui subsistent entre elles et la Grande Brétagne.

Il a déja été parlé des rapports avec la *France*, antérieurement à la guerre presente §. 61.

Quant aux *Provinces Unies des Pays - Bas*, la Grande Brétagne fit avec elles une convention particulière au sujet des reprises, lors de son alliance de 1689 *o*) qui porte: "qu'en cas que quelque vaisseau appartenant au Roi de la Grande Brétagne ou aux S. Etats - Gen. ou à leurs sujets ayant été pris pas les vaisseaux de guerre ou armés en course, appartenans à un Prince ou Etat ennemi, soit repris par les vaisseaux de guerre du Roi ou des Etats - Gen. ou par un armateur duement autorisé par ledit Roi, ou les dits Etats, avant que tel vaisseau ait été mené *intra Praesidia*, c'est à dire dans aucun Port de l'Ennemi ou Flotte d'icelui portant le Pavillon, tel vaisseau avec toute sa charge, Canon et appareil sera restitué au premier propriétaire, en payant la recompense du sauvement comme s'ensuit, (c. a. d. s'il est repris par un armateur avant 48 heures après la prise on payera $\frac{1}{3}$ avant 96 heures $\frac{1}{3}$ après 96 heures $\frac{1}{2}$ de la valeur du vaisseau, de sa charge, Canon et appareil)."

"En cas que des vaisseaux soisent repris par un *navire de guerre* avant que l'ennemi les aie conduit *intra praesidia*, il sera payé pour recompense du sauvement la huitième partie de la valeur." Cette convention conclue en vue de l'alliance alors presente, ne peut plus être considerée comme obligatoire au-

M 2   jourdhui.

o) *Groot Placaat Boek* T. V. p. 395. Dumont T. VII. P. II. p. 301.

jourdhui. *p*)   Il en est même des arrangements pris
1744. 1748. *q*)   D'ailleurs aucune des conventions
faites entre les Provines Unies des Pays-Bas et l'An-
gletere a été renouvellée ni par le traité de paix de
1784, ni par le traité d'alliance de 1788. *r*) Je doute
donc, que s'il survenoit une dispute à ce sujet, elle
puisse être decidée par des traités anterieurs à cette alliance, qui, tant qu'elle a subsistée, pouvoit opérer la
restitu-

p) Déja en 1748 lorsqu'un navire Anglois *the Lydia* aïant
été pris par un armateur *François*, fut repris par un
vaisseau *Hollandois* et conduit à Zirikzée, et que *l'Angleterre* reclama sa propriété, les *Etats-Gen.* repondi-
rent, que la reprise appartenoit jure belli aux repreneurs, mais qu'ils seroient-prêts à restituer, si l'Angleterre voudroit ou se declarer de restituer de même
dans de semblables cas, on faire une convention, ou
renouveller l'ancienne convention de 1689 qui n'étoit
plus obligatoire; voyés extrait des resolutions dés Etats
Gen. du 19. Fevr. 1748. *Recueil van Zeezaken* D. VI.
p. 45.

q) La convention entre l'Angleterre et les Prov. Unies de
1744 ainsi que l'arrangement pris 1748 ne sont pas
imprimés que je sache, quoiqu'on trouve les extraits
des resolutions dés Etats-Generaux au sujet de la première dans le *Recueil van Zeezaoken* T. V. p. 172. 191.
195. et de la dernière dans le T. VI. p. 90. La première paroit avoir concernée principalement le partage
des prises faites par les vaisseaux alors auxiliaires dés
Etats-Gen. et la dernière semble avoir été occasionée
par le fait dont il vient d'être parlé. J'ignore si dans
celle de 1744 on est entré dans un detail au sujet des
reprises, mais il est constant qu'étant faite pour la
guerre alors presente, elle s'est terminée avec elle.

r) *Mon Recueil* T. III. p. 127.

restitution dans les cas d'une guerre devenue commune, tel que l'a été jusqu'à present la guerre actuelle.

Entre la Grande Brétagne et le *Portugal* il n'a été rien réglé sur les reprises par les traités de commerce de 1641 et de 1703. *s*) Il semble cependant que des traités d'alliance de 1654 *t*) et du traité d'alliance perpetuelle entre l'Angleterre, les Provinces Unies et le Portugal de 1703 *u*) on peut inferer quelque chose en faveur de la restitution des reprises, vu que par l'art. 4. de ce dernier traité les Puissances maritimes promettent de maintenir sur les côtes du Portugal un nombre suffisant de vaisseaux de guerre, pour protèger les côtes, le *commerce* et les *navires marchands* et que l'art. 5. porte, qu'en cas que les ennemis s'empareroient de quelques *villes* ou *places* Portuguaises hors de l'Europe, les Puissances maritimes joindront leurs efforts pour reprendre ces villes ou Places sur l'ennemi.

Cependant tout ceci suppose le cas où le Portugal prendroit part à la guerre, et non celui d'une neutralité parfaite. Le traité du 26 Sept. 1793 *x*) conclu pour la guerre presente porte art. VI.: *qu'en cas que la France attaqueroit les états de Sa Majesté trèsfidèle, ou Ses vaisseaux de guerre, ou navires marchands — les deux Puissances feront cause commune dans la dite guerre et prèteront l'un à l'autre tous les secours possibles conformement aux dits traités.* Ceci semble ne pas laisser de doutes à l'égard de la restitution des ré-

M 3

prises

s) CHALMERS T. II. p. 303.

t) DUMONT T. VI. P. II. p. 82.

u) DUMONT T. VIII. P. I. p. 127.

x) *Mon Recueil* T. V. p. 210.

prises durant la presente guerre, dans les cas où celles-ci sont rendues aux propres sujets des deux Puissances.

On ne trouve rien sur les reprises dans les traités de la Grande Brétagne avec la *Suède*; je doute dumoins que la protection générale de la liberté du commerce stipulée par l'art. 16. du traité de 1661 puisse être appliquée à la restitution des reprises. Les traités d'alliance conclus 1674. 1699. 1703. 1720. 1727 ne peuvent plus être allégués aujourdhui; le traité d'alliance et de commerce de 1766 y) n'assure art. 2. le traitement de la nation la plus favorisée, que dans ces expressions vagues, qu'on ne sauroit étendre aux reprises.

Avec le *Danemarc* le point des reprises a aussi peu été réglé generalement. Le traité d'alliance et de commerce de 1670 z) ne porte art. 32. que cette stipulation particullère: que si quelque navire appartenant à des sujets d'une puissance seroit pris par l'ennemi *dans l'enceinte de la jurisdiction maritime* de l'autre, celle-ci joindra ses efforts à elle pour decouvrir et reprendre le dit navire et pour le restituer aux propriétaires, cependant à le charge de ceux-ci de payer les fraix. La convention explicatoire du 4. Juill. 1780 a) ne s'étend pas sur ces points.

Les traités de 1734 et 1766 b) avec la *Russie* ne parlent point des reprises, ils accordent dans des termes generaux le traitement de la nation la plus favorisée, et la convention du 25. Mars 1793 c) ne fait

que

y) *Mon Recueil* T. IV. p. 44.
z) Dumont T. VII. P. I. p. 132.
a) *Mon Recueil* T. II. p. 102.
b) *Mon Recueil* T. I. p. 141.
c) *Mon Recueil* T. V. p. 108.

que prolonger le traité de 1766 pour 6 ans, avec peu
de changemens. La convention pour la guerre de la
même date *d*) promet une assistance mutuelle dans la
presente guerre, mais dans des termes si vagues, qu'il
seroit difficile d'en faire application aux reprises.

Quant à *l'Espagne* la Grande Brétagne n'a faite
aucune convention expresse avec elle à l'égard des reprises; ni le traité de navigation et de commerce de
1713, dans lequel celui de 1667 a été renouvellé et
inséré de mot à mot, ni aucune autre convention conclue depuis, ni l'alliance de 1793 ne font expressement
mention des reprises. Il y a cependant deux observations à faire. La première que dans le traité de
1667 *e*) les deux Puissances ont stipulées réciproquement pour les sujets, tous les priviléges, sûretés libertés et immunités pour leurs personnes et leurs biens
avec toutes les clauses qui *ont été* ou seroient accor-

M 4

dées

d) Ibid. T. V. p. 114.

e) Traité pour la continuation et le renouvellement de la
paix entre l'Angleterre et l'Espagne du 23. May 1667
art. 38. *Il a été accordé et conclu que les peuples et
sujets du Roi de la Grande Bretagne, et du Roi d'Espagne
auront et jouiront dans les terres, Mers, Ports, Havres,
Rades, et Territoires l'un de l'autre, et en quelques autres Lieux que ce soit, des mêmes Priviléges, Sûretés,
Libertés et Immunités, soit à l'égard de leurs Personnes
ou Biens, avec toutes les Clauses et Circonstances avan-
tageuses, qui ont été, ou seront ci-après accordées au
Roi Très-Chrétien, et aux Etats-Généraux des Provinces Unies, aux Villes Hanseatiques, ou à quelqu'autre
Royaume ou Etats que ce soit d'une manière aussi ample,
entiere, et utile comme si elles avoient été particuliere-
ment specifiées et inserées dans le present Traité.* Dumont T. VII. P. I. p. 32.

dées *dans la suite* au Roi T. C., aux Etats Generaux
des Provinces unies, aux Villes Hanséatiques, ou à
quelqu'autre état, et que le traité de 1713, qui s'y
rapporte, n'accorde non seulement le traitement de la
nation la plus favorisée à l'égard des douanes, mais
même, dans des termes fort généraux, à l'égard de
toutes les autres choses, soit qu'elles concernent le com-
merce, soit qu'elles touchent d'autres objets. f)   On
pourroit

f) Tractatus navigationis et Commerciorum inter Annam
Magnae Britanniae Reginam et Philippum ducem An-
degaviensem tanquam Regem Hispaniarum initus die
9. Dec. 1713. art. 2. *Subditi Regiarum Suarum Maje-*
statum in dominiis earundem alterutrinque Mercaturam
facientes non tenebuntur maiora pro mercibus ab ipsis
importatis, exportandisve Vectigalia, aliave onera sol-
vere, quam quae a subditis amicissimae cuiusvis Gentis
exigentur, et solventur; ac si quae Vectigalium diminu-
tiones, aliave Beneficia exterae cuivis Genti ab una al-
terave parte concedi in posterum contigerit, iisdem quo-
que utriusque Coronae Subditi reciproce plenissime gau-
debunt. Et sicuti circa vectigalium rationes, uti supra
conventum, ita etiam pro r e g u l a g e n e r a l i inter Re-
gias Suas Majestates statutum est, quod omnes et sin-
guli ipsarum Subditi in omnibus terris Locisque hinc inde
earundem Imperio subjectis, circa omnes Impositiones aut
vectigalia quaecunque, Personas, Merces, Mercimonia,
Naves, Naula, Nautas, Navigationem et Commercia con-
cernentia, iisdem ad minimum Privilegiis, Libertatibus,
et Immunitatibus utantur, fruantur, parique favore in
omnibus gaudeant, tam in Curiis Iustitiae, quam in iis
omnibus quae sive C o m m e r c i a sive a l i u d I u s q u o d-
c u n q u e respiciunt, quibus amicissima quaevis Gens ex-
tera utitur, Fruitur, gaudetque, aut in posterum uti,
frui, aut gaudere possit, p r o u t in articulo 38. tracta-
tus

pourroit donc inférer de là assés spécieusement, que tandisque l'Espagne a accordée la restitution des reprises aux Provinces unies des Pays Bas en vertu du traité de 1676, à l'Autriche en vertu du traité de 1725 art. 43, à la Porte en vertu du traité de 1782, elle seroit tenue d'en faire autant envers la Grande Brétagne, et que tandis que la Grande Brétagne étoit convenue de la résitution des reprises avec les Provinces Unies des Pays Bas, cette Puissance seroit également tenue en vertu de l'art. 38. du traité de 1667 et de l'art. 3. du traité de 1713 d'accorder cette même restitution, et de la manière la plus avantageuse à l'Espagne.

Cependant malgré les doutes qu'on peut élever à cet égard, je serais porté à croire, que le sens de ces articles ne peut point s'étendre jusque là, qu'ils concernent seulement les avantages relativement au commerce à faire entre les sujets réciproques, et relativement à la prompte administration de justice pour ceux que leur negoce engage à demeurer ou à s'établir dans les états de l'autre Puissance contractante. Qu'en redigeant ces articles relatifs au tems de paix, on n'a pas eu en vue ces points, qui supposent le cas où l'une des deux Puissances se trouveroit en guerre, cas auquel on a coutume de vouer des articles particuliers dans les traités de commerce.

La seconde observation c'est, que par le traité d'alliance du 15. May 1793 g) les deux Puissances se sont engagées *de faire cause commune à protéger mu-*

M 5

tuelle-

---

tus de anno 1667 in articulo praecedente speciatim inserti fusius explicatur. DUMONT T. VIII. P. I. p. 409.

g) Art. 2. 3. 7. *Mon Recueil* T. V. p. 150.

tuellement leurs vaisseaux réciproques, et à secourir
l'une l'autre lorsqu'elle seroit attaquée on lézée par
terre ou par mer, de sorte que d'après les principes
établis plus haut §. 41 et 49. les prises faites après la
signature de ce traité, devroient, tant que cette alliance
subsiste, être restituées sans distinction entre les propres sujets et les sujets de l'allié.

Mais ce traité ne pouvant avoir une force ré-
troactive, il ne peut servir de base à la decision sur
des reprises faites antérieurement à la signature de ce
traité.

Tels étoient les rapports des deux Puissances
lorsqu'il se presenta le cas qui a fait tant parler en
Angleterre du droit des reprises. Un riche vaisseau à
regitre du *Roi* d'Espagne le St. *Jago* chargé pour la
plus grande partie pour le compte de *sujets* Espagnols,
venant de Lima, fut pris le 5. Avril 1793 par un armateur François: le *Dumouriez*, et repris le 14. Avril
1793 par *l'Edgar* vaisseau de guerre du Roi de 74 canons *h*), commandé par *Sir Andrew Douglas*, naviguant en compagnie avec l'Escadre de l'Amiral *Gell;*
après qu'il eut été conduit dans un port de la Grande
Bretagne il s'eleva un procès devant la Cour d'Amirauté
entre les Repreneurs et le procureur du Roi d'Espagne
et de ses sujets. Les repreneurs demanderent que la
prise leur soit adjugée en entier alléguant qu'elle avoit
été 9 jours entre les mains de l'ennemi, qu'en Espagne
on

h) C'est ainsi que l'indiquèrent les papiers publics à cette
    époque; dans une gazette Angloise qui vient de tom-
    ber sous mes mains, il est annoncé que la reprise a été
    faite par la fregatte du Roi *le Phaeton* v. *Public Ad-*
    vertiser 1793 2. Mars n. 18943. Cette variation n'influe
    pas sur la decision.

on adjuge les prises au Repreneur dès que la prise a
été 24 heures entre les mains de l'ennemi et qu'il
étoit d'autant plus juste d'user du droit de reciprocité,
que ni les loix de la Grande Brétagne, qui ne parlent
que des sujets, ni les traités avec l'Espagne ou avec
d'autres Puissances ne pouvaient inferer le contraire.
L'avocat des Reclamants fonda la réclamation surtout
sur ce que l'équité naturelle parle pour la restitution,
que l'Espagne ne distingue point à cet égard les sujets
étrangers de ses propres sujets, et que le traité conclu
le 15. May 1793 avoit déja été préparé quand peu de
jours avant la reprise fut faite.

Le juge, après avoir lancé plusieurs sarcasmes
contre les autorités de GROTIUS etc. alleguées par les
parties, prononça le 10. Decembre 1793 une sentence
qui portoit: *que le vaisseau le St. Jago et sa Cargaison devroient être restitués au Roi d'Espagne et à ses
sujets, deduction faite des fraix du procès, et d'un
huitième par droit de sauvement, à condition que le
Roi d'Espagne ne tarderoit pas de declarer par un
acte publie que tous les vaisseaux et leurs cargaisons
appartenans aux Anglois qui sont ou seront repris par
les vaisseaux du Roi d'Espagne ou par des armateurs
Espagnols, seront restitués sur le même pied à la Grande
Brétagne; que si non, le dit vaisseau le St. Jago sera
considéré comme bonne prise en faveur des Repreneurs.* i)

Quoique le juge avoit annoncé qu'il se flattoit de
prononcer une sentence de la quelle les deux parties
seroient satisfaites, les Repremneurs n'en interjetterent
pas

i) V. les actes du procès et la sentence dans *Public advertiser* 1793. n. 18453. 55. 18506. 41. 65. 66. 67. 74. 79. 81.

pas moins appel aux commissaires du Roi, et pendant que cette cause fut plaidée devant eux, le Roi d'Espagne donna la déclaration qui lui avoit été demandée, et sollicita le délivrement de la Prise moyennant caution suffisante. J'ignore comment cette cause a été decidée en Appel, et même si elle l'a été finalement *k*); en attendant je crois qu'il est permis de hazarder quelques reflexions sur cette sentence, auxquelles on ne pourra pas dumoins refuser le caractère d'impartialité. Commençons par établir le point de vue sous le quel cette sentence doit être considerée.

S'il eut pû être question d'un acte de générosité du Roi de la Grande Brétagne, rien de plus beau, rien de plus conforme sans doute aux rapports politiques subsistans pour lors entre les deux couronnes, rien de plus convenable aux interêts de ses sujets, que d'assurer à ceux-ci la restitution dans de semblables cas de la part de l'Espagne, par un genereux sacrifice d'un interêt present, fait à une puissance amie et intimement alliée.

Mais d'abord cet acte de generosité eut été l'affaire de la cour, et non d'un tribunal de justice; et puis il ne pouvoit pas être question d'un acte de générosité. L'acte du Parlement de 1707 *l*) et tous les

actes

k) Au moins la cargaison n'a pas été restituée en nature. Dans l'*Oracle and public advertiser* du 2. Mars 1795. n. 18945. on trouve *de la part des Commissaires en appel pour le fait des prises* l'annonce de la vente publique d'une partie de la cargaison du St. Jago, à la quelle doit succeder en quelques mois la vente du reste.

l) If any Ship or Ships of war, Privateer, Merchant Ship or other Vessel shall be taken as Prize by *any of her*

Majesty's

actes subsequens passés pour le même objet assurent en Angleterre aux officiers et mariniers servant sur les vaisseaux du Roi la pleine et entière jouissance de leurs prises; elle leur est aussi parfaitement due, qu'aux armateurs; ils ont comme eux un droit acquis à titre particulier sur une sentence condemnatoire, en cas que la prise ou reprise y soit sujette. C'est donc de *leur droit* qu'il falloit prononcer, par un acte de justice. La politique ne pouvoit y entrer pour rien, a moins de supposer que le cas present eut été du nombre de ceux, où la conservation de l'état autorise le sacrifice des droits des individus; mais alors ceux-ci auroient droit de demander une indemnisation.

Or il y a deux cas possibles: ou la restitution étoit due parfaitement aux Espagnols, soit en vertu du droit des gens universel, soit en vertu des traités, subsistans à l'époque où la reprise fut faite, malgré qu'en Espagne on ne restitue point les reprises faites après les 24 heures; alors il étoit injuste envers le Roi d'Espagne, et surtout envers les sujets Espagnols de ne decerner la restitution du vaisseau que *condition-nellement*, et encore sous une condition, qu'il ne de-pendoit pas des sujets de remplir; ou la restitution n'étoit pas parfaitement due aux Espagnols, à l'époque où la reprise fut faite; dans ce cas les Repreneurs

avoient

 Majesty's Ship of War, or Privateers and adjudged as lawful Prize, in any of her Majesty's Courts of admiralty, the Flag-officer or Officers, Commander or Commanders and other Officers, Seamen and other who shall be actually on Board such ship or ships — — shall have the sole interest and property in such prize — the whole produce thereof to be divided among the said Officers etc.

avoient un droit parfait d'en demander la condemna-
tion, et je ne vois pas comment on pouvoit faire dependre ce droit d'une condition future qui les inte-
ressoit fort peu. Ils n'étoient pas obligés de sacrifier
leur propriété actuelle à des avantages futurs de leurs
concitoyens. Leur droit étoit pur, la sentence devoit
l'être aussi.

Au reste il faut convenir que le défaut de traités rend la question si la restitution étoit parfaitement
due ou non, aux Espagnols fort épineuse.

S'il y eut eu moyen de douter de la légitimité
de la prise, pour avoir été faite d'un armateur François, par les motifs dont on s'est servi en suite envers le Danemarc, la restitution auroit eue moins de
difficulté, vu que si la propriété n'avoit pas été acquise par le capteur, elle n'auroit pu passer aux repreneurs. Encore seroit il resulté quelque doute, de ce
qu'en Espagne les reprises faites même sur des pirates
sont attribuées aux repreneurs, voyés §. 63. Mais je
ne trouve pas qu'on ait allegué seulement cet argument dans les actes du Procés. On a senti qu'on ne
devroit pas y avoir égard.

Que si la prise étoit légitime, il semble que la
circonstance qu'elle n'avoit pas encore été conduite *inter praesidia*, quoiqu'elle ait été neuf jours entre les
mains du capteur, ne pouvoit pas decider ici de la
restitution, vû que dans les loix des deux nations on
trouve le principe commun, que ce n'est pas la conduite de la prise dans un port, mais le tems de la
possession qui decide des droits que le capteur trans-
porte sur le repreneur; et que bien que ces loix ne

soient

soient données que pour les sujets, ce seroit faire injure aux deux Puissances que de leur prêter une philosophie aussi singulière que celle de dire, que pour que dans une guerre le capteur devienne propriétaire de sa prise il faut, s'il prend le vaisseau de l'un de ses ennemis, qu'il l'aïe conduit dans un lieu de sûreté, et que s'il l'a pris de l'autre, il suffit qu'il l'aïe possédé pendant 24 heures. Le droit de la guerre est un envers tous les ennemis.

Ce n'est pas décider encore la question; on peut convenir du principe, et cependant prescrire la restitution, soit en faveur des sujets, soit même en faveur des étrangers.

Or l'Espagne ne fait point de distinction entre ses sujets et les sujets des alliés ou les neutres propriétaires d'une reprise, elle la restitue à ces derniers dans tous les cas où elle la rend aux premiers. Mais elle ne fait restituer la reprise, même à ses sujets, que lorsqu'elle a été faite avant les vingtquatre heures. La Grande Brétagne la fait restituer aux siens même après cette époque.

On pourroit donc dire d'un côté que comme l'Espagne égalise les sujets Anglois à ses propres sujets, la Grande Brétagne doit en faire autant, et qu'elle useroit d'un droit inique en introduisant une inégalité. Mais de l'autre côté l'Espagne refuse la restitution des reprises après 24 heures; l'Angleterre l'accordera-t-elle? quelle inégalité entre les deux Puissances!

En convenant que le droit de rétorsion ne pourroit pas avoir lieu ici, vû que pour être fondé il supposeroit un droit inique, qui n'existe pas du côté

de

de l'Espagne, il semble qu'on peut justifier le refus de restitution de la part de l'Angleterre sous un autre point de vue. Si l'on est d'accord une fois en Angleterre comme en Espagne, que la possession de 24 heures suffit pour établir la propriété de l'ennemi, la restitution après cette époque n'est pas un devoir naturel, c'est un bienfait dû à des loix positives. Ce bienfait que l'Espagne n'accorde à personne, la Grande Brétagne peut par ses loix l'accorder à ses seuls sujets, et sans iniquité le refuser à un état étranger avec lequel elle n'a point de conventions. Si donc il n'y a point de traités à cet égard entre les deux nations, si, comme il vient d'être dit, les traités de 1667, de 1713 ne peuvent pas s'entendre des reprises, ce bienfait ne peut être appliqué aux Espagnols, que dans les cas où à cause d'une guerre commune les droits sont, sur ce point, égaux pour les deux nations. C'est ce qui est l'effet du traité du 15. May 1793. Mais la reprise aiant été faite le 14. Avril, et les negociations qui à cette époque étoient déja entamées entre les deux couronnes ne renfermant rien d'obligatoire jusqu'à la conclusion du traité même, il semble que nonobstant les diverses dispositions des actes du Parlement 1692, 1707, 1740 – 1756, 1776 – 1779 la restitution de la reprise ne pouvoit pas, d'après la rigueur du droit, être enjointe aux Repreneurs, si l'on veut rester fidéle au principe à l'égard de la propriété acquise exstinctivement par le capteur; on sent qu'en entrant dans les idées énoncées plus haut §. 45., la restitution seroit due, mais par d'autres motifs que ceux auxquels on a eu recours.

Le traité de la Grande Brétagne de 1713 avec le Roi des *deux Siciles* ne fait que confirmer generalement
ment

ment pour ces deux Puissances le traité entre la Grande Brétagne et l'Espagne de 1667 qui ne parle point des reprises. La guerre presente étant devenue commune à la Grande Brétagne et au Roi des deux Siciles en vertu de la convention du 12. Juillet 1793 *m*), il n'est pas douteux que les principes énoncés plus haut à cet égard, ne puissent s'appliquer aux reprises des deux nations tant que la presente guerre durera.

L'art. 19. du traité avec la *Porte* conclû 1675 promet la restitution de biens Anglois repris sur des Pirates, mais il ne parle par des reprises en general. On chercheroit en vain des dispositions sur les reprises dans les traités de la Grande Brétagne avec l'Emp. de *Maroc* de 1761 et 1783, avec les *Algériens* de 1751, avec les *Tunetains* de 1751, 1762, avec les *Tripolitains* de 1751, 1762.

§. 66.

Des loix des Provinces Unies des Bays-Bas.

Il y en de prodigieuses variations dans les loix données par les *Etats-Généraux* des *Prov. Unies des Pays-Bas* au sujet des reprises. *n*) L'ordonnance des Etats-Gen. du 4. Juil. 1625 porte: que si le vaisseau est repris avant d'avoir été 24 heures entre les mains de l'ennemi, *l'armateur* qui fait la reprise jouira d'un huitième, s'il est repris avant d'avoir été 2 fois 24 heures entre les mains de l'ennemi il jouira d'un cinquième,

m) *Mon Recueil T. V.* p. 158.

n) BYNKERSHÖEK *quaest. iuris publici* L. I. cap. 5.

N

me, et s'il est repris plus tard encore, d'un tiers; ce qui par une autre Ordonnance du 27. Juillet 1625 a aussi été étendu aux reprises faites par des *vaisseaux de guerre*. Mais l'ordonnance du 11. Mars 1632 porte que sans égard au tems plus ou moins étendu de la reprise il sera adjugé deux tiers à *l'armateur* qui fait la reprise. Une autre ordonnance du 1. Sept. 1643 ramène la chose aux ordonnances de 1625. Mais l'ordonnance du 8. Fevr. 1645 introduit de nouveau les dispositions de celle de 1632 en ajoutant, qu'au defaut d'un arrangement à l'amiable entre le premier proprietaire et le repreneur touchant la fixation de la valeur du vaisseau et de la cargaison, les tribunaux de l'amirauté en jugeront. Une autre ordonnance du 19. Avril 1659 veut que sans distinguer entre les tems et entre la qualité du repreneur, celui-ci se contente d'un huitième du navire et du vaisseau. L'ordonnance du 13. Avril 1677 porte à l'égard des *armateurs privés*, que si la reprise, le vaisseau ou la cargaison n'a pas encore été 48 heures entre les mains de l'ennemi, il leur sera asssigné du chef de droit de sauvement (*voor borgloon*) un cinquième, si elle a été au de là de 48 heures mais moins de 96 heures entre les mains de l'ennemi, un tiers, et au de là, la moitié. Quant aux reprises faites par les *vaisseaux de guerre* cette ordonnance confirme les anciennes loix, sans exprimer lesquelles. Il semble cependant qu'on devroit entendre par là l'ordonnance 1659 qui avoit abrogée les ordonnances anterieures.

Le placard des Etats Generaux concernant les recompenses pour les armateurs du 6. Juin 1702 art. 8,

celui

celui de 1747 art. 7, celui de 1781 art. 7, et celui de 1793 art. 7, portent de même: que si quelque navire ou biens appartenans aux habitans de ces Etats seroit pris par l'ennemi et repris par quelque armateur, navire ou autre vaisseau armé aux fraix particuliers des habitans de ces états, le repreneur jouira, si la reprise se fait dans deux fois 24 heures d'un $\frac{1}{5}$, si elle se fait après, mais dans les 4 fois 24 heures d'un $\frac{1}{4}$, et après, de la moitié. Ces loix sont donc conformes à la disposition de celle de 1677, mais elles ne parlent par des reprises faites par les vaisseaux de guerre de l'état, à l'égard des quelles il semble que la disposition de 1659 est encore applicable. *o*)

Toutes ces loix, tant anciennes que recentes, ne touchent que les reprises appartenantes à des sujets de l'état; elles ne disposent rien par rapport à celles qui seroient la propriété de l'ennemi, si ce n'est que le placard du 28. Juill. 1705 art. 18 *p*) porte: que quant aux reprises de vaisseaux alliés et neutres les armateurs se contenteront de ce qui est convenu ou de ce qui sera convenu avec elles. Cependant cette disposition, d'ailleurs très insuffisante par le petit nombre de conventions qui subsistent à cet égard, n'a pas été renouvellée dans les placards de 1781 et 1793.

N 2   §. 67.

---

o) Du reste les Officiers et mariniers qui se trouvent sur les vaisseaux de guerre ont un droit aussi étendu sur leurs prises que l'ont les armateurs. Placard du 6. Juin 1702. art. 7; Pl. de 1747. 1781. 1793. art. 6.

p) *Recueil van Zeezaken* D. III. p. 348.

§. 67.

Des traités des Prov. Uñies des Pays-Bas.

Il a déja été parlé des rapports des Provinces Unies envers la *France* §. 61. envers *l'Espagne* §. 63. envers la *Grande Brétagne* §. 65.

Avec le *Portugal* les Provinces Uñies des Pays-Bas sont convenues par l'art. 20. du traité d'amitié et d'alliance de 1661 *q)* que si quelque navire d'une des deux puissances, après avoir été pris par l'ennemi ou par un pirate, seroit conduit dans un des ports de l'autre, on ne permettra pas de le vendre, mais si dans l'espace de trois mois en Europe, ou d'un an hors de l'Europe le propriétaire reclâme son bien, il lui sera restitué en payant les fraix. On voit cependant que ceci ne concerne pas le cas d'une reprise proprement dite, dont le traité ne parle pas; mais il semble qu'on pourroit en tirer un argument analogue en faveur de la restitution des reprises.

On ne trouve rien de règlé au sujet des reprises dans le traité avec le *Roi des deux Siciles* de 1753 *r)*; l'art. 16. n'enjoint que la restitution de celles que l'ennemi de l'une auroit faites dans l'enceinte de la jurisdiction maritime de l'autre; et l'art. 38. celle des biens pris par les Pirates.

Le point des reprises est aussi peu règlé par les traités avec la *Suède.* Les traités du 16. Juill. et du 28. Juill. 1667 en parlent aussi peu que le traité de 1675.

q) DUMONT T. VI. P. II. p. 367.

r) WENCK T. II. p. 733.

1675, lequel n'enjoint que la restitution des navires
et marchandises, qui jusqu'à cette époque auroient été
pris par la puissance contractante, ou par une autre
puissance, et conduits dans les ports des Prov. Unies,
ce qui est une suite des circonstances individuelles où
les deux états se trouvoient alors. Les traités d'alliance et de commerce du 2. Oct. 1679 *s*) n'en parlent
pas non plus expressement; on doit observer cependant, que l'art. 27. porte: que comme le Roi de Suède
a resolu de traiter les sujets des Prov. Unies comme
ses propres sujets, il donnera les ordres necessaires que
relativement aux prises, le droit leur soit administré
d'après le *droit* et *l'équité* par des juges impartiaux.
Il semble que ce n'est pas faire violence au sens de
cet article que de l'appliquer à la restitution des reprises dans les cas où cette restitution a lieu pour les
sujets Suèdois; condition que l'article 29 a rendue re-
ciproque pour les Provinces Unies. La restitution des
biens pris par des Pirates a été enjointe par l'art. 22.

Mais ce traité ne fut conclu que pour 24 ans,
et je ne trouve pas qu'il ait été renouvellé. Les disputes élevées entre la Suède et les Provinces Unies
au sujet de la forme des lettres de mer 1713, prouvent
qu'on doutoit déjà alors si le traité de 1679 étoit encore obligatoire *t*), et la declaration du 28. Oct. 1741 *u*)
ne semble avoir renouvellée que cette partie du traité
de 1679 qui concerne la forme des lettres de mer.

N 3

Il

s) Dumont T. VII. P. I. p. 432. 437.

t) Lamberty *mémoires* T. VIII. p. 542.

u) *Europ. Mercurius* 1742. P. I. p. 269. P. II, p. 142. voyés
Kluit *Index Chronol.* n. 1026.

Il y a aussi peu de réglemens faits avec le *Danemarc;* le traité de 1645 et celui de 1701 x) qui le confirme, ne touchent pas le point des reprises.

On ne trouve pas non plus de decision à cet égard dans les traités avec la *Russie.* Le traité de commerce projetté par le Czar Pierre I. 1715 y) n'eut pas lieu.

Il ne resteroit donc que d'appliquer au Danemarc, à la Suède et à la Russie ce qui d'après ce qui a été dit §. 59. peut être deduit du systeme de la neutralité, auquel les Provinces Unies des Pays Bas accederent. z)

Les traités avec les *Algèriens* de 1760, avec les *Tunetains* de 1712, avec les *Tripolitains* de 1718, avec *Maroc* de 1752 ne renferment rien au sujet des reprises; aussi peu que le traité de 1680 a) avec les *Turcs*, dont l'art. 17. et 36. n'enjoint que la restitution des biens qui leurs seroient enlevés par des Corsaires Africains, ou par des Pirates.

Mais avec les *Etats Unis de l'Amérique* les Provinces Unies des Pays Bas firent une convention particulière concernant les reprises le 8. Oct. 1781 b) qui porte; que les reprises faites par des armateurs seront

resti-

x) Hennings *Sammlung* T. II. p. 249.

y) Dumont T. VIII. P. I. p. 468.

z) L'acte d'accession du 1781 se trouve dans mon Recueil T. II. p. 117. les actes d'accession aux conventions de la Suède et du Danemarc ibid. T. IV. p. 379.

a) Dumont T. VII. P. II. p. 4.

b) *Mon Recueil* T. II. p. 279.

restituées, moyennant un tiers de leur valeur pour droit de sauvement, si la reprise n'a pas été 24 heures entre les mains de l'ennemi, mais après cette époque elle appartiendra en entier au repreneurs. Mais si la reprise a été faite par un vaisseau de guerre de l'un on l'autre des deux états, la restitution aura toujours lieu en payant aux repreneurs, si la reprise s'est faite en deux fois 24 heures un trentième, et si elle s'est faite plus tard un dixième de la valeur du vaisseau et de la cargaison pour droit de sauvement. Cependant on peut douter si cette convention faite à l'époque où ces deux états se trouvoient en guerre contre un ennemi commun, peut être appliquée aux cas futurs où l'une d'entre elles seroit neutre.

§. 68.

Des loix du Danemarc.

Pour le *Danemarc* le Code des loix de Chrétien V, porte: que si un armateur fait la reprise d'un vaisseau Danois, il en devient le propriétaire quand ce vaisseau s'est trouvé 24 heures entre les mains de l'ennemi *c*); si la reprise est faite avant cette époque, elle

N 4

sera

---

c) L'ancienne loi maritime de *Danemarc* de 1561, voyés de Westphalen *monum. inedita* T. IV. p. 1831, ne determine rien au sujet des reprises, mais dans la loi maritime de Chrétien V v. *Cod. legum Dan.* Liv. IV. chap. VII. §. 6. il est statué: *Si quis qui navi praeest armatae, hosti navem Danicam 24 horarum spatio ab eodem possessam eripere possit ac recuperare: unius eius lucrum esto praedatorium. Eandem vero si quis intra praefiniti temporis spatium hosti eripuerit; lucrum esto praedatitium, inter Recuperatorem ac possessorem aequaliter dividendum.*

sera partagée également entre l'armateur et le propriétaire. Cette loi est la seule qui me soit connue au sujet des reprises en Danemarc; les ordonnances concernant les armateurs du 5. Avril 1710 *d*) et du 6. Avril 1711 *e*) ne règlent pas le droit des reprises, aussi peu que l'ordonnance pour le commerce neutre de 1756. *f*)

Cette loi ne touche donc aussi que les reprises de vaisseaux Danois; elle laisse les mêmes doutes à l'égard des reprises appartenantes à des Puissances étrangères ou à leurs sujets. Il reste donc à examiner avec quels états le Danemarc a pris des arrangemens à cet égard.

§. 69.

Des traités du Danemarc.

Il a déja été parlé des rapports avec la *France* §. 61. l'*Espagne* §. 63. la *Grande Brétagne* §. 65. et les *Provinces Unies* §. 67; quant à d'autres états le Danemarc n'a aucun traité quelconque avec le *Portugal*; mais cette Puissance est accédée au systeme de la neutralité armée 1782. *g*)

Avec le Roi des *deux Siciles* il fut conclu un traité de commerce 1748 *h*), mais on n'y trouve rien qui puisse jetter quelque jour sur la matière des reprises;

d) *Forord. af Frid.* IV. 1710. p. 55. WILLEMBERG p. 172.

e) *Forord. af Frid.* IV. p. 1711. p. 23.

f) SCHOU *Chron. Reg.* D. IV. p. 306. HUBNER *de la saisie des bâtimens neutres* p. II. append.

g) *Mon Recueil* T. II. p. 208.

h) WENCK *Cod.* T. II. p. 275.

ses; cependant la Sicile a adoptée le système de la neutralité armée 1783. *i*)

Le nouveau traité d'amitié et de commerce avec la République de *Gênes* de 1789 *k*) renferme à l'art. 11. une disposition qui est remarquable, même par les argumens dont elle est appuiée, savoir: *que si un bâtiment marchand neutre arrêté en mers par un vaisseau de guerre ou un Corsaire, fût récous ou répris par un vaisseau de guerre, ou un armateur de la Partie Contractante qui est en guerre contre la nation du prémier Capteur, ce bâtiment sera incontinent rémis en liberté pour continuer son voyage,* sous quel pretexte que ce soit, qu'il ait été detenu en premier lieu, *et sans que son libérateur puisse pretendre à aucune rétribution, ou part dans les bâtimens, ou en sa cargaison,* qu'il ait été plus ou moins longtems au pouvoir du premier Capteur, *puisqu'aucun bâtiment neutre peut jamais être considéré comme prise avant qu'il soit légitimement condamné dans un Tribunal d'Amirauté.* Plût-au ciel que cette saine philosophie fût celle de toutes les loix et de tous les traités.

Je ne trouve aucun traité avec la *Suède* qui fasse mention des reprises; le traité de 1658 art. 11. ne promet que la restitution des biens enlevés aux Pirates.

Le traité de commerce conclû 1782 avec la *Russie* n'en parle pas non plus; et il a deja été examiné plus haut si les traités touchant la neutralité armée qui lient le Danemarc à la Russie, à la Suède et aux autres états

N 5   qui

i) *Mon Recueil* T. III. p. 274.

k) *Mon Recueil* T. IV. p. 552.

qui y ont accedés, peuvent influer sur la restitution de certaines reprises.

§. 70.

Des loix de la Suède.

Quant à la *Suède*, l'ordonnance de la marine de Charles XI. *l*) porte: "qu'en cas qu'un navire appartenant à des sujets Suédois après avoir été pris de l'ennemi, seroit repris, le repreneur jouira de deux tiers de la valeur, et un tiers sera rendu au propriétaire, sans égard au tems pendant lequel il aura été entre les mains de l'ennemi." Cette loi semble ne parler que des reprises faites par des armateurs, mais les vaisseaux du Roi ont le même droit sur leurs prises que les armateurs. *m*) Les Règlemens de la Suède touchant les armateurs *n*) du $\frac{8}{19}$ Fevr. 1715, du 25. Mars 1719, du 28. Juill. 1741, la declaration du 14. Août 1741 ne touchent pas l'article des réprises, aussi peu que le fixent les articles de guerre maritime (*Siö-articlar*) de l'an 1755.

§. 71.

l) Ordonnance de la marine de 1667. P. VII. *Ammiralskap Balken* cap. 8. §. 8. Undsätter ock någon något Skep Swenske Undersåtare tillhörigt, som af fiende eller röfware allaredan tagit woro, njute af samma återtagne Skep och gods twå tredjedelar, och den öfrige tredjedelen blifwe' Ägandenom återgifwen, oaktadt antingen det Kort eller långd tid i fiende händer warit hafwer.

m) Siö Articler 1755. tit. 29. Modee D. VI. p. 5696.

n) Voyés plus haut §. 9. n. q. les renvois sur ces ordonnances.

§. 71.

Traités de la Suède.

Tandis que la susdite loi ne parle que de vaisseaux repris appartenans à des sujets Suédois, elle laisse subsister les mêmes doutes à l'égard de la restitution de navires neutres ou amis, qu'on rencontre dans la legislation d'autres puissances. J'ai deja touché les rapports de la Suède envers la *France* §. 61. la *Grande Bretagne* §. 65. les *Provinces Unies* §. 67. et le *Danemarc* §. 69.

Le traité de commerce avec le Roi des *deux Siciles* de 1742 *o*) ne parle pas proprement des reprises; l'art. 29. dispose seulement, qu'en tant qu'il seroit compatible avec la neutralité, la prise que l'ennemi de l'une des puissances contractantes auroit faite sur elle, et qu'il auroit conduite dans les ports de l'autre, lui sera enlevée et restituée au propriétaire; ceci ne decide rien à l'égard des reprises. Au reste la Sicile ayant accedée au systeme de la neutralité armée, c'est tant au rapport envers elle qu'à celui avec la *Russie*, le *Portugal*, la *Prusse* qu'on peut appliquer ce qui a été dit plus haut de l'influence de ce systeme sur les reprises.

§. 72.

Des autres Puissances maritimes.

Il me resteroit encore à parler d'autres Puissances et états maritimes, comme du *Portugal*, des deux *Siciles,*

o) Wenck T. II. p. 100.

ciles, de la *Porte*, de la *Prusse*, de la *Russie*, de l'*Amérique*; mais ne pouvant donner des renseignemens suffisans sur les loix de ces Puissances, et ayant deja parlé de la pluspart de leurs traités en fait de reprises, je me bornerai ici aux observations suivantes.

La *Sicile* dans le traité de paix avec la *Porte* de 1740 art. 13. *) a stipulée, qu'au cas qu'un bâtiment muni de Patente du Roi des deux Siciles, et sous son pavillon vint à être pris par un Corsaire de l'Empire Ottoman, on procurera le recouvrement des Marchands, Sujets et Effets qui auront été trouvés à bord de ce bâtiment; et qu'on en agira de la même manière à l'égard des marchands et Sujets qui auront été pris par l'Ennemi.

La *Prusse* n'a, que je sache, de traité au sujet des reprises qu'avec l'*Amérique*, avec la quelle il a été réglé par le traité de commerce de 1785 art. 17. *p*) que si les bâtimens ou effets de la Puissance neutre fussent pris par l'ennemi de l'autre, ou par un pirate, et en suite repris par la puissance en guerre, ils seront remis en entier au propriétaire légitime. On ne distingue donc pas ici entre les reprises faites par des armateurs et celles que font les vaisseaux de guerre.

Dans les autres traités susdits des *Etats Unis de l'Amérique* avec la *France*, avec les *Provinces Unies* avec la *Suède*, cette distinction se trouve uniformément faite, et sur un pied que les Etats Unis semblent avoir

intro-

---

*) Wenck *cod.* T. I. p. 519.

p) *Mon Recueil* T. II. p. 573.

introduit. Ceci peut faire presumer qu'il existe en Amérique une loi conforme à ces stipulations, mais je n'ai pas été assés heureux pour la trouver.

§. 73.

Des villes Anseatiques.

Je ne puis terminer ces recherches, sans dire quelques mots sur les villes *Anseatiques*. Les tems ne sont plus, il est vrai, où, comme dit l'abbé *Raynal*, une seule de ces villes pouvoit faire trembler les couronnes du nord; Celles qui ont conservées jusqu'à ce jour le nom d'Anseatiques, savoir: celle de *Lubec*, de *Bremen* et de *Hambourg* ne sont plus, il est vrai, *Puissances maritimes;* mais elles occupent encore une place distinguée parmis les *états maritimes*, et les grandes Puissances de l'Europe continuent à les traiter avec égard, et à leur parler avec consideration. L'ancienne loi maritime du corps des villes Anseatiques de 1593 revue 1614 ne dispose par des reprises, mais quelques unes de ces villes ont fait pour elles des loix relatives à cet objet. C'est ainsi que les loix de la ville de *Lubec q)* portent: que si un navire seroit repris pas un vaisseau de particulier, le reprenneur gardera la moitié de la reprise, que s'il seroit repris par un vaisseau public de la ville, il sera restitué en entier au propriétaire moyennant une gratification.

Ce dernier point s'est aussi observé à *Hambourg* lors qu'au commencement de ce siècle un navire: *die*

drey

q) Stat. Liv. VI. Tit. V. art. 2. Stein *Abhandlungen des Lubischen Rechts* T. V. p. 209.

drey Bienenkörbe, destiné pour la Russie, fut pris par un armateur François et repris sur lui à l'embouchure de l'Elbe par le commandeur de la ville. *r*)

Au reste le cas de faire, ou de juger des reprises ne se presentera plus guère aujourdhui pour elles. La politique et une sage moderation les engage a defendre en tems de guerre à leurs sujets toute sorte d'armemens dans leurs ports, et toute sorte de participation aux armemens en course *s*); surtout de prendre des commissions de l'une des puissances belligérantes. On a vu rarement dans les tems plus reçens armer des vaisseaux de guerre de ces villes pour servir de Convoy *t*) à leurs navires marchands, qui preferent de se mettre sous la protection de quelque Puissance amie; et depuis que la piráterie proprement dite à presque cessée en Europe, le nombre des garde côtes (*Auslieger*) a pu être diminué.

De l'autre côté les armateurs des Puissances belligérantes ne pourroient faire ou poursuivre des prises on reprises dans la jurisdiction maritime de ces états sans violer, ou les loix de la neutralité, ou, en cas

même

r) Langenbeck *Anmerkungen* p. 299.

s) Mand. de la ville de Hambourg du 22. Mars 1672. Langenbeck p. 307.

t) Le dernier exemple que je trouve c'est celui de 1746 où la ville de Hambourg fit accompagner de son vaisseau de convoy une flotte de navires marchands destinés pour la mediterranée. *Der wohlinstruirte Schiffer* nouv. ed. par Engelbrecht 1791. p. 157. Klefeker *Sammlung Hamb. Gesetze* T. I p. 89.

même d'une guerre de l'Empire, sans violer les loix reçues par rapport à l'immunité des rivières des hostilités des armateurs (§. 18.). Si quelque armateur conduisoit sa prise légitimement faite dans un des ports de ces villes, sans doute qu'à l'exemple d'autres états neutres elles ne voudroient pas en juger, mais l'obligeroient de quiter leurs parages, dès que les circonstances le lui permettent. Elles defendent même à leurs sujets d'achèter de ces prises *u*).

Moins ces villes sont dans le cas de pouvoir faire des prises et des reprises sur des Puissances étrangères, et plus elles ont soin d'observer ce que la neutralité le plus stricte, la plus parfaite peut exiger d'elles, lorsqu'il leur est permis de l'embrasser, plus il y auroit sans doute de motifs d'équité pour les Puissances étrangéres de les favoriser au sujet des reprises; au reste, tandis qu'à l'époque de la fleur de l'illustre association Anseatique la saisie des bâtimens neutres étoit beaucoup moins usitée qu'elle l'a été depuis son declin, et que dans la suite ce point a peut être été jugé trop particulier et son application trop rare pour faire l'objet des stipulations de quelqu'une de ces villes avec les Puissances étrangères, je ne trouve aucune convention à cet égard, ni dans les traités entre le corps des villes Anseatiques et les Puissances étrangères, tel que les traités avec de la *France* de 1483, de 1655, de 1716 *x*), avec *l'Espagne* de 1607, de 1647, avec

le

u) Mand. du Mag. d'Hambourg du 30. Juill. 1653.

x) Le premier dans MARQUARD *de iure Mercatorum* app. p. 15. les autres dans DUMONT.

le *Portugal* de 1510, avec la *Grande Brétagne* de 1474,
avec le *Danemarc* de 1370 et de 1560 etc. y), ni dans
les traités particuliers des villes de *Lubec* z), de *Bremen a*), ou de *Hambourg b*).

y) Sur ces traités voyés surtout A. D. Gürschow *Studia
   Lubecensium promovendi commercia* Gott. 1788. §. 5.
   p. 15 - 17. et les auteurs qu'il cite.

z) V. la liste de ces traités dans Gürschow l. c. p. 17 - 19.

a) G. H. DE POST de *cura Sen. Bremensis circa rem nauticam*
   §. 12. 18.

b) J. L. GRIES de *Studiis Hamburgensium promovendi commercia sua* Gott. 1792. §. 11 - 19. p. 20 - 53.

Table

Table Sommaire.

Chapitre I.
Histoire des Armateurs.

Chapitre II.
Droits modernes des armateurs.

Chapitre

Chapitre III.
Des Reprises.

Section I.
Principes du droit des Gens universel au sujet des reprises.

Section

Section II.

Principes du droit des gens positif au sujet des recousses.